田原真人

出現する参加型社会

PARTICIPATORY
SOCIETY

JN119052

目次

Preface
まえがき

　2020年、コロナ・パンデミックによって世界の巨大な歯車が停止した。

　世界中の都市がロックダウンとなり、ニュースでは、天気予報のようにコロナの新規感染者数の推移が報道されている。移動を制限された大人たちは在宅勤務となり、自宅のパソコンからZoomやTeamsといったWeb会議室につないで仕事をすることになった。子どもや学生も自宅でオンライン講座を受けることになった。

　対面が中心だったコミュニケーションが、一気にオンラインへと移行した。そこに新しい可能性を見出した人もいれば、大きなストレスを感じる人もいた。

　東日本大震災と原発事故をきっかけに2011年にマレーシアに移住した私は、それ以来、すべての仕事をオンラインに移行し、オンラインコミュニケーションの可能性に自分の可能性を重ね合わせて生きてきた。言ってみれば、コロナ・パンデミックが起こる9年前から、自主的ロックダウン状態を続けてきたようなものだ。

　対面でのコミュニケーションに頼らずに、仲間をつくり、コミュニティや組織をつくり、新しいことを学び、新しい仕事を生み出していくことができるのかを、自分自身の人生を使って実験してきた。

　主体的な学びを研究するオンラインコミュニティを主催し、そこに集合知で蓄積した実践知は、人材育成のオンライン化

の雛形になった。また、オンラインで出会った仲間と自律分散型組織をつくって、組織開発のオンライン化やオンラインワークショップ開発に取り組んできた。

　まだZoomが一般的に普及していない2015年から、Zoomを活用した大規模オンラインイベントも数えきれないほど実施してきた。オンラインファシリテーションのノウハウも蓄積し、オンライン化の時代を見据えたラーニングファシリテータの育成も行なってきた。2017年に『Zoomオンライン革命！』を出版し、来るべきオンライン化の波に備えて着々と準備を整えていた。

　準備が整ったタイミングでコロナ・パンデミックが起こった。過去に例のない事態に不安を感じつつも、世界規模のオンライン化は、私たちの組織にとって強力な追い風になるはずだった。しかし、実際に起こったことは、私たちの組織内のコミュニケーションの崩壊だった。追い風が強すぎたのだ。

　葛藤や対立に対するオンライン組織の脆弱さが露呈した。組織という船の帆は上がらないまま強風の追い風が後ろから前に通り過ぎていった。舵をとる者がいない船は、時代という潮の流れのままに漂流した。2020年の夏、私は、組織の経営を離れて、活動の中心を個人に移すことになった。

　思い描いていた計画が白紙になり、大きな余白が目の前に広がった。そんなとき、1970年代から『ロッキング・オン』『ポンプ』などの参加型雑誌を開発し、それ以降も「参加型社会一筋50年」という橘川幸夫さんと出会った。橘川さんが、かけてくれた言葉が胸を揺さぶった。

「個人の波と時代の波とが重なることを幸せというんだ。だから、田原君は幸せだ。リミッターを外して頑張っていきましょう。人類のために」

その日から、私が取り組んできた自己組織化の探究を、橘川さんが50年前から取り組んできた参加型社会と融合させる取り組みがスタートした。橘川さんの著書『参加型社会宣言』が、ちょうど出版になったので、オンライン読書会をFacebookで呼びかけた。あっという間に250名が集まり、時代が動いていることを感じた。この読書会を1回のイベントではなく、参加者が誰でも好きなだけ主催することができる参加型方式にした。1ヵ月で40回のオンライン読書会が行なわれた。橘川さんのネットワークと、私が培ってきたネットワークとが重なり合って、新しいつながりがたくさん生まれた。

原発事故の後、私は、社会を変えたいと願うようになり、一人ひとりが自分の意志で行動して自己組織化する活動を教育、組織、政治と段階的に拡大してきた。それらを包括する名前が参加型社会である。オンライン読書会を通して、今まで取り組んできたことを「参加型社会」というフレームの中で位置づけることができ、完全に自分ごとになった。個人になった私が、リミッターを外して暴走する舞台が見えた。

2020年10月、橘川さんから次のような提案がきた。
「田原君、未来社会に向けての理論構築や実践報告の場が必要だ。一緒に参加型社会の学会を立ち上げよう」
しかも、その立ち上げの狼煙となる本を「1ヵ月で執筆し

てほしい」とのこと。あまりの無茶ぶりに笑ってしまったが、おもいっきり暴走したかった私には、ぴったりの提案だった。その日から、毎朝4時に起きて執筆し、2ヵ月でこの本を書き上げた。

　コロナ・パンデミックによって、今、世界は混沌としている。しかし、混沌は可能性の塊だ。世界中には、その可能性を感じとって、インスピレーションを得て暴走している仲間がいるに違いない。私は、まだ会ったことのない、同時多発的に動き出している仲間の存在を感じて、その仲間の一人であるあなたに向かってこの本を書いた。
　あなたはあなたのテーマと方法で暴走してほしい。
　そういう人たちが合流して、新しい参加型社会が生まれるのだと思う。

　参加型社会の実現に向けて、合流しよう！

田原真人

新しい世界観の出現
人類史における参加型社会の出現

　著作『参加型社会宣言』の中で、橘川幸夫さんは次のように述べている。

　「参加型社会というのは、一人ひとりの個人が『参加したい』という自発的な意志をもつことだ。その自発性が何よりも必要なのである。そういう個人が集まって参加型社会というライブ空間が生まれる」

　第1章では、「参加型社会の出現」を歴史の中で位置づけることを目指す。21世紀は、西洋中心の近代が終わり、西洋と東洋が統合された新しい世界観が出現する時代だというのが、私の考えだ。それは、言い換えれば、近代の名残と未来社会への直感とが混在するカオスの時代だと言える。カオスの中から参加型社会が出現する根拠を明らかにしたい。

　16世紀に起こった天動説から地動説への「コペルニクス的転換」では、震源地のコペルニクスから世界へ広がるのに100年以上の時間を要した。その過程で近代科学が誕生し、近代の枠組みが固まった。その400年後に起こった20世紀の大転換は、量子力学の登場によって幕を開け、1980年代に量子もつれの存在が実証されたことで決定的なものとなった。それから40年が経ち、震源地で発生した衝撃波がゆっくりと世界へ広がっている。

　16世紀の「コペルニクス的転換」が、地球と太陽との関係性を転換するものだったのに対し、20世紀の大転換は、私

16(世紀)	17	18	19	20
（起）	（承）	（転）	（結）	
機械論的世界観 ニュートン力学	熱力学 エネルギー保存則	ラプラスの悪魔 官僚型ピラミッド組織	ダーウィンの進化論 ►創造論の否定・優生思想 **電磁気学** ►発電・モーター・無線	
	東西の世界観の分離 **西洋：意識を重視** **東洋：存在を重視**		蒸気機関・輪転機	
ホイヘンス（振り子 の同期） スピノザ（汎神論）			南方熊楠	
			東西の世界観の統合 **意識と存在の統合**	
			電波望遠鏡・電子顕微鏡	
望遠鏡・顕微鏡		産業革命 学校の登場	帝国主義 新聞の大量印刷	

　たちと外部世界との関係性を転換するものだ。そのインパクトは、コペルニクス的転換に比べてはるかに大きい。

　コペルニクスの地動説を支持したヨハネス・ケプラーは、天体観測データをもとに惑星の運動の理論を構築した。同時代のガリレオ・ガリレイは、望遠鏡を天体に向けた最初の人物であり、仮説と検証によって自然法則を発見し、数式で記述するという近代科学の方法論を打ち立てた。

21（世紀）	
相対性理論 個人的無意識 **カオス・複雑系** 世界観の大転換	

（起）	（承）
生命論的世界観	
量子力学	量子コンピューター
EPRパラドックス	量子通信
ベルの不等式	
場の量子論（素粒子物理）	
集団的無意識	量子生物学
トランスパーソナル心理学	
U理論　学習する組織	
ニューサイエンス	ティール組織
非暴力コミュニケーション	
プロセスワーク	
半導体	
コンピューター・加速器	
第2次世界大戦	インターネット
核兵器	コロナ・パンデミック
ラジオ	
テレビ	参加型社会

　ルネ・デカルトの「我思う故に我あり」という哲学は、意識と存在とを切り離し、意識が世界を「因果関係」で記述するという科学の枠組みを与えた。キリスト教徒の彼らが、このように考えた背景には、この世界を創造した「創造主の意識」を理解したいという願いがあった。「創造主の業」である「自然法則」を「因果関係」として理解することが、「創造主の意識」を理解することにつながると考えたのだ。その試みは、ニュー

トン力学の成功によって結実し、近代科学が誕生した。

　近代科学とは、「自然法則」を「再現可能な因果関係」として取り出して体系化したものだ。因果関係とは、原因と結果の間で成り立つ関係である。過去のデータをもとに因果関係を発見すると、現在のデータから未来を予測することができる。さらに、因果関係を組み合わせれば、入力に対して、欲しい出力が得られるような装置を設計することもできる。

　このようにして、近代科学を活用し、複雑な機械が製作されるようになった。機械が世界に与えたインパクトは絶大だった。それは、魔法のようにあらゆる不可能を可能にするかのように思えた。人間を含むあらゆるものを機械と見なす考え方、「機械論的世界観」を生み出した。

　近代とは、「機械論的世界観」に基づいた社会デザインが世界中へ広がり、人間を含むあらゆるものが「機械化」されていった時代である。

　20世紀に入り、量子力学が登場すると、「再現可能な因果関係によって世界を体系化する」という前提がゆらぎはじめた。世界を機械として捉えることは「粗すぎる近似」であることが判明したのだ。現代物理学が描き出しつつある世界観は、デカルトが切り離した意識と存在の関係を再結合しはじめた。それは、「意識は幻であり、存在しかない」という仏教などの東洋哲学の世界観と接点が生まれることを意味する。

　現在起こっている大転換は、意識と存在の間の関係性の組み換えである。それは、近代では分離していた意識と存在が、相補的に結びつく世界観を構築する営みである。本書では、

その世界観を「生命論的世界観」と呼ぶことにする。世界観が転換すると、世界のあらゆるものの捉え方が変わっていく。

参加型社会とは、「生命論的世界観」から生まれる未来社会につけた名前である。それがどのようなものか、まだ分からない。ようやくぼんやりと輪郭が見えてきた段階である。私は、その輪郭について、間違うことを恐れずに自分なりに語り、問題意識を共有するあなたと出会いたいと思って本書を書いている。

第1章の目的は、参加型社会をともにつくる未来の仲間のあなたに、大転換の衝撃波を受けとってもらうことだ。物理学の話が出てきたりして難解に感じるかもしれないが、詳細にはこだわらずにハートで衝撃を受けとってほしい。それで充分だ。

1.1. 機械論的世界観がもたらしたもの

近代とは、何だったのだろうか？ 私は、「存在＝神」「意識＝人間」と捉えて、神から人間が自立する営みだったのではないかと考えている。自立するために、この2つを切り離したのだ。

近代科学が生まれる以前の西洋世界では、アリストテレスの自然哲学が信じられていた。それは、あらゆるものが「目的」をもつアニミズム的な世界観である。テーブルの上の消しゴムが床に落ちたとき、アリストテレス自然哲学では、「消しゴムは、何のために下に落ちるのか？」と目的を問う。そして、「あらゆる物体は、本来あるべき位置へ移動するという目的

をもっており、消しゴムには、土の元素が多く含まれている
ため、本来あるべき位置である地球の中心へ向かって移動し
たのだ」と答える。

　あらゆるものが「目的」をもつ世界観では、あらゆるもの
に意識が宿っており、その背後に神の存在がある。

　西洋には、ギリシャ時代のピタゴラス以来、「数学の完全
な厳密さ」と「神の完全さ」とを結びつける伝統がある。ガ
リレオ・ガリレイは、「創造主は、数学を用いて宇宙を設計
している」と考えた。だとすると、運動法則を表わす数式を
発見すれば、創造主の設計思想を知ることができることにな
る。ガリレオは、「なぜ落ちるのか？」という目的について
の問いを「どのように落ちるのか？」という運動法則につい
ての問いに転換した。

　それによって、あらゆるものに宿っていたアニミズム的な
神は消滅し、創造主によって設計された「機械仕掛けの世界」
の原理である「自然法則」が前面に現われてきた。この転換
によって近代科学が誕生し、「機械仕掛けの世界」の探究が
スタートした。創造主の役割は、完璧な設計図を書いてスター
トボタンを押すところまでであり、その後は、意識をもつ人
間が、数式で書いてある設計図を解き明かし、創造主に代わ
り、「自然法則」を活用して世界の創造活動を行なうという
わけだ。

　数式を用いた「自然法則」の解明に成功したのが、アイザッ
ク・ニュートンだ。ニュートンは、時間と空間を次のように
設定し、世界を記述する枠組みをつくった。

・空間は均質であり、3次元の x − y − z 空間座標で表わせる。(絶対空間)
・時間は、世界のどこであっても過去から未来へ、一様に流れている。(絶対時間)

そのうえで、慣性の法則、運動方程式、作用・反作用の法則の3つによって運動を記述するニュートン力学を確立した。ニュートン力学は、絶対空間と絶対時間という枠組みの中で、物体の運動を、因果関係の数式で記述するものである。

図1.1.1 因果関係

因果関係を発見するために、単純理想化した実験が行なわれる。再現可能な形で取り出された因果関係は、法則として物理学の記述体系の中に取り入れられる。因果関係の数式に現在の値を入力すれば、未来に起こる結果を算出し、予測することができる。また、目的に合う出力を得るための機械の設計が可能になる。

18世紀に発明された蒸気機関は、木材や石炭を燃やした熱エネルギーを活用する機械であり、人力や動物の力を超える力を人類にもたらした。馬よりもどれくらい力があるのかを示すために「馬力」という単位がつくられ、蒸気機関の有益性がアピールされた。より効率の良い蒸気機関を開発する

ための原理として、熱力学が発展した。

　蒸気機関を動力源とする紡績工場が造られ、人間は蒸気機関によってつくり出されるリズムに合わせて仕事をする必要が生まれた。人工的な一定リズムに合わせた行動は、人間にとっては不自然である。工場労働に耐えるには、子どもの頃からの訓練が必要であることが判明し、学校がつくられた。

　学校には、工場労働者育成のための3つの隠れた徳目が設定された。

　　1）時間厳守

　　2）服従

　　3）単純な作業に耐える

　これは、人間を機械のように動かすための教育だ。機械の発明による成功が、人間を機械化する発想を生んだ。こうして、人間を含む世界を巨大な機械と見なす「機械論的世界観」が生まれてきた。

　「機械論的世界観」で組織を捉えると、どのようになるだろうか？　トップが決定したことを組織に入力すると、それが命令として順々にボトムへと伝えられ、決められた通りに現場で出力される。このようなピラミッド型組織は、まさに機械そのものだ。歯車となっている人間には、上からの命令に忠実に従うことが求められ、主体性や創造性は無視される。つまり、人間らしさが無視され、因果関係に従う部品であることが求められるのだ。

　巨大なピラミッド型組織をつくるためには、「部品人間」を大量生産する必要がある。学校は、そのための大量生産工

場であり、そこで生産された人間は、社会の中で検品され、合格と不合格（不良品）とに選別されていく。

　主体性と創造性を抑圧して思考停止した人間は、トップの決定に対して盲目的に従ってしまう。現在、日本で大量に発生している不登校は、この社会的抑圧構造に対する生命的な拒否反応だろう。

　「機械論的世界観」では、あらゆるものが因果関係に従うことになるので、主体性や創造性といった生命らしい営みは、論理的に存在しない。因果関係は、過去の延長線上の未来しか示さないので、新奇性は、原理的に生まれない。その枠組みの中で新奇性をひねり出すためには、ある種の仕掛け（ごまかし？）が必要になる。

　現在の主流の進化論であるネオ・ダーウィニズムは、創造的進化を説明する仕掛けとして「ランダムな突然変異」を設定している。

　ネオ・ダーウィニズムでは、「ランダムな突然変異」と「進化」との結びつきを次のように説明する。

　　1）方向のないランダムな突然変異が起こった結果、新しい形質をもった個体が生まれる。

　　2）その形質が個体の生存に有利であれば、その個体が生き残る確率が高まる（自然選択）。

ネオ・ダーウィニズムは、因果関係と矛盾しない論理で、種の創造性＝創造的進化を説明したため、機械論的世界観の中で「進化論の主流」の地位を得た。しかし、この理屈は、本当に正しいのだろうか？

　ネオ・ダーウィニズムの理屈を、個人の創造性へと応用し

てみると、次のようになる。

「私たちは、日常的に因果関係に従って行動しており、ときどき、ランダムな外乱によって、いつもと違う行動をすることがある。それが、ある指標で測定したときに、それまでの行動ルールよりも評価が高ければ、私たちは自分が従っている行動ルールを修正する。これが、私たちのもつ創造性の正体である」

どうだろうか？　これが、本当に生命のもつ創造性なのだろうか？　あなたの創造性の実感とこの文章は一致するだろうか？　──このテーマについては、第5章で扱う。

ネオ・ダーウィニズムの考えを人種に当てはめた結果、社会的ダーウィニズムというイデオロギーが生まれ、西洋諸国に優生思想が広がった。産業革命で工業力を手に入れたイギリスやフランスなどは、軍艦や武器を製造し、アジアやアフリカを植民地化していった。帝国主義による他国の侵略と植民地支配を正当化したのが優生思想だった。

イギリスの植民地になったインドで栽培された綿花が、宗主国のイギリスの紡績工場へ持ち込まれて大量生産され、利益を上げた。回転数を上げる大量の機械の動きに、人間が巻き込まれ、農村から都市へ人間が流出し、工場労働者が増えていった。

農村共同体から離れた工場労働者は、「労働力商品」を資本家に売り、その対価で商品を買って生活する「消費者」になった。組織という「巨大機械の部品」（＝人間）を動かすための燃料として「貨幣」が利用されるようになった。

　学校で育成された従順な工場労働者は、従順な兵士へと転用され、国民全体が兵士となる国民国家が生まれた。西欧諸国の植民地化に対抗するために、日本も、明治維新を起こして天皇を中心とした国民国家の体裁を整え、帝国主義へと向かった。その後、アジア諸国への侵略と第2次世界大戦での敗戦を経て現在に至る。西洋で生まれた機械論的世界観は、日本にも浸透している。

　機械論的世界観は、入力をする一部の人間と、それに従って行動する多数の人間からなるピラミッド構造を生み出す。それが、国家レベルで実現すると全体主義になる。第2次世界大戦は、機械論的世界観から生まれた集団暴走であるとも言える。社会生態学者であるピーター・ドラッカーや、サイバネティクスの創始者ノーバート・ウィーナーなどは、暴走の原因が、「フィードバックを断ち切ること」であったと指摘する。トップダウンの一方向的な通達のみで、現場からのフィードバックによって柔軟な調整が起こらない組織や社会は思考停止して集団暴走する危険をはらむのだ。

1.2.　複雑に絡み合った世界

　前項では、主に因果関係について考えてきたが、ここでは、近代の方法論である「分析と総合」について考えよう。

　近代の方法が形成されるにあたって重要な役割を果たしたのが、デカルトである。彼は、『方法序説』の中で、次のような方法論を設定した。

　　1) 私が明証的に真であると認めるのでなければ、どん

なことも真として受け入れないこと。(明晰判明の規則)

2) 私が検討する難問の一つひとつを、できるだけ多くの、しかも問題をよりよく解くために必要なだけの小部分に分割すること。(分析の規則)

3) 私の思考を順序に従って導くこと。(総合の規則)

4) すべての場合に、完全な枚挙と全体にわたる見直しをして、何も見落とさなかったと確信すること。(枚挙の規則)

これらは、「分析と総合」と呼ばれ、科学的方法論の土台になった。例えば、相互作用する2つの物体AとBの運動について考える場合、まず、AとBの運動をそれぞれ考えて(分析)、次にそれを合成して物体系AとBの運動を考えると(総合)、運動を非常によく理解できる。

私は、10年以上、予備校で物理を教えてきた。授業の中で、複雑に絡み合った設定を分解し(分析)、その後で合成すると(総合)、問題の本質がよく分かることを、繰り返し示してきた。

ある方法の有効性に触れ続けると、「この方法をどんな問題にでも適用できるのではないか?」という錯覚が生まれてくる。複雑な現象を理解するためには、それを構成する要素に分解して理解すればよい、という考え方が生まれてきた。それを、要素還元主義という。

しかし、実際には、分析はできても、総合ができないことが多々ある。分割して単純化した要素について調べ、そこに因果関係を発見することは簡単だ。もし、まだ複雑すぎるなら、充分に単純化できるまで、さらに分割すればよい。しか

し、それらを総合することは、必ずしも簡単ではない。

図1.2.1は、複雑な関係性を模式的に表わした概念図だ。

図1.2.1 複雑な関係性の一部を切り取ると

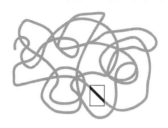

ある部分だけを切り取って、近似的に単純な因果関係を発見することは可能である。全体の複雑な構造の変化が緩やかであれば、発見された因果関係は、一定期間、再現可能な形で成り立つだろう。しかし、全体を理解するためには、全体を網羅するように調べ上げなければならない。例えば、社会における人間関係や生態系のような複雑なシステムでは、全体を網羅することは不可能である。多くの場合は、都合よく限定した範囲内で発見された法則が、図1.2.2のように、範囲外にも適用されて現実との不一致を生み出す。

図1.2.2 因果関係を枠組み外へ適用した場合

それは、特定の限られた状況の中で、自分がたまたま成功したやり方を、誰にでも通用する一般的な方法であると勘違いして他人にアドバイスするようなものである。その人にとって、いくら成功したやり方でも、状況が異なれば、同じようにはならない。そして、ほとんどの場合、状況は人によってさまざまに異なるのだ。

　また、複雑なシステムであるほど、部分の総和は全体とは一致しない。部分を組み合わせて複雑になることで、システムが新たな機能を獲得するからである。さらに、複雑になるとシステムにいのちが宿ってくる。システムに宿ったいのちは、分解することで失われてしまう。生きているものを切り刻んだら、「生きている状態」は失われてしまうのだ。

　デカルトと同時代を生きたオランダの数学者、クリスティアーン・ホイヘンスは、2つの振り子時計を同じ壁に接触するように設置すると、振り子が同期する現象を発見した。壁から離したときのそれぞれの固有周期は異なっており、同期したときの周期は、2つの振り子の固有周期のどちらとも異なる周期を示した。ホイヘンスは、2つの振り子時計に分けて分析して固有周期を観測しても、同期した振り子の周期を合成できないことに気づいた。振り子時計のような非線形性をもつシステム（非線形性については後述する）では、全体は部分の総和とはならない。つまり、分析はできても総合はできない。そして、自然界のほとんどのシステムは非線形性をもつのだ。

　総合を棚上げしたまま、「この範囲で、再現可能な因果関係を発見した」という分析研究を行なえば、論文を書くこと

ができる。しかし、断片化された事実が、お互いにつながらないままに積み重なっていくと、全体像を見失うことになる。その結果、専門領域は蛸壷化していき、相互に理解不能になっていく。

　現実を切り取る枠組みの大きさは、私たちの理解力に応じて変わる。コンピュータが登場する前は、数式を手で計算する以外はなかったので、比例関係で表わされるような単純な法則にしか価値がなかった。そのため、比例関係で扱えるように切り取る枠組みが小さかった。ところが、コンピュータを用いて、複雑な因果関係の数式の振る舞いをシミュレーションできるようになった。

図1.2.3　枠組みを広げて複雑な因果関係の数式を扱う

　ガリレオ・ガリレイが望遠鏡を天体に向けて新時代を切り開いたように、数学者や物理学者がコンピュータという新しい「望遠鏡」で数理世界をのぞき込んだ結果、新しい世界が発見された。それまで知覚できなかった範囲を探索できるようになると、事態は大きく変わってきた。

　入力と出力との関係が直線グラフで表わされる場合（線形）だけでなく、曲線で表わされる場合（非線形）も研究できる

ようになったのだ。コンピュータの登場によって、非線形数学や、非線形動力学といった新しい分野が切り開かれた。

1963年、マサチューセッツ工科大学の気象学者、エドワード・N・ローレンツは、大気の流れを表わす流体力学の方程式を簡略化したローレンツ方程式と呼ばれる数式をコンピュータで計算していた。そして、妙な現象を発見した。通常は、初期値のちょっとした違いは、出力時にちょっとした違いとして反映されるが、この方程式では、ちょっとした初期値の違いが、出力時には大きな違いになってしまうのだ。

この方程式には、違いが増幅される仕組みが組み込まれていたのだ。メガホン（拡声器）がハウリングして、キーンという音をたてているのを聞いたことがあるだろうか？　これは、スピーカーの先から出た音が、マイクの入力部に回り込むことによって増幅されることで生じる。

図1.2.4　メガホンのハウリング

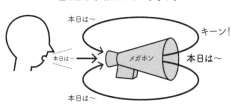

ローレンツ方程式も、出力の一部が入力に回り込む構造になっている。メガホンと同様の仕組みで「ハウリング」が起こるのだ。このように出力の一部が入力に入ってくることをフィードバックという。出力の一部が入力に加算される場合

を正のフィードバック、符号を逆にして加算する（減算する）場合を負のフィードバックと呼ぶ。

図1.2.5　ローレンツ方程式は正のフィードバックを含む

ローレンツ方程式のように正のフィードバックを含むシステムは、ある条件を満たすと、初期条件のわずかな違いが、出力時には大きな違いになる。このような現象は、「カオス」と名付けられた。

この「システムの初期条件に対する鋭敏な性質」は、「北京で蝶が羽ばたくと、ニューヨークでは嵐が起こる」といったセンセーショナルな表現で紹介され、「バタフライ効果」とも呼ばれるようになった。

たとえ因果関係の数式が正しくても、そのシステムがカオスを生む場合、私たちは未来を予想することができない。どんなに正確に現在のデータを入力したとしても、そこにはほんのわずかな誤差が生じる。通常では問題にならない小さな誤差が、カオスを含むシステムでは、どんどん拡大して、全く違う結果へと導いてしまうのだ。

大学で物理学を専攻していた私は、21歳のとき、ジェー

ムス・グレックの『カオス――新しい科学をつくる』を読んで「カオス」の存在を知った。その時に感じた何とも言えない解放感を、今でもよく覚えている。どこかの誰かが未来を知っていて、どこか遠くで計画が立てられて、その実現に向かって集団で進んでいくかのように見える社会に、閉塞感を感じていたからだ。

「誰も未来を予想できないなんて、なんて自由なんだろう！」本を読み終えた私は、カオスの研究者になろうと決心した。世界に向かって「誰も未来は分からないって、科学が証明したんだよ！」と告げてまわる人になろうと思ったのだ。結局、研究者の道には進まなかったが、本書で、このセリフを書くことができて、21歳のときの夢は叶った。

カオスを含むシステムの係数をいろいろ変化させると、システムは、（Ⅰ）静止　（Ⅱ）秩序　（Ⅲ）カオス　（Ⅳ）複雑といった4つの相を示すことが分かってきた。さらに（Ⅲ）と（Ⅳ）の間には、カオスの縁と呼ばれるもっとも複雑な領域が存在し、そこでは部分と全体が相似形になるフラクタル構造が現われることも明らかになった。

このような複雑さを扱う研究は、複雑系の科学と呼ばれ、「バタフライ効果」や「カオスの縁」のような新しい概念を生み出した。私は、日本に複雑系が立ち上がりはじめた1995年頃、大学院生として研究会に加わっていた。そこには、新しい科学を自分たちでつくっていくのだという黎明期特有の活気があった。

私は、複雑系の科学によって、生命がもつ主体性や創造性の正体を明らかにできるのではないかと期待して、研究にの

めりこんでいった。

図1.2.6 カオスの縁

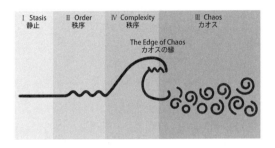

　しかし、私は1998年に博士課程を中退し、研究者の道に
は進まなかった。複雑系の科学について、再び考えるきっか
けになったのは、大学院を中退した18年後の2016年、安冨
歩さんとの出会いだった。

　安冨さんは、かつて複雑系経済学の研究者だったが、複雑
系の科学に限界を感じて、その頃、このテーマから離れてい
た。私は、安冨さんが複雑系のどこに限界を感じたのかを知
りたくて、執筆された時代順に安冨さんの著作を読んでいっ
た。私が理解したのは、次のようなことだ。

　複雑系の科学は、機械論的世界観の内部に存在している。
つまり、世界の現象を因果関係によって理解しようとする試
みの一つである。この設定の中で、生命のもつ主体性や創造
性を扱おうとすると、ネオ・ダーウィニズムと同様の問題に
ぶつかる。

　因果関係は、過去の延長線上の未来しか示さないから、そ
こから抜け出す合理的な理由を示すのが困難なのだ。コン

ピュータ内の仮想空間につくられた複雑なシステムは、生命のある部分を再現しているかのように見える。しかし、生命は、因果関係に従う再現性のある秩序を構築する能力だけでなく、「因果関係を裏切る能力」をもつ存在なのだ。「因果関係を裏切る能力」のことを、私たちは、主体性や創造性と呼んでいるのだ。

　複雑なシステムは、複数の安定状態を示すが、その中のどれを実現するのかをシステム自体が「主体的に」選ぶことはない。複雑系の科学でも、結局は、因果関係から抜け出す魔法として「ランダム変数」を用いることになる。複雑なシステムのシミュレーションは、プログラムを組んだ本人が予想できない結果を出力するが、それは、あくまで因果関係で動くプログラムの結果にすぎず、「因果関係を裏切る能力」を示しているわけではない。

　しかし、複雑系の科学は、「科学は未来を予想できる」という万能感や、要素還元主義に基づく分析重視に対する批判的な視点を与えた。さらに、複雑な現象に対する新しい概念を発見して名付け、それまで認識できなかった複雑な領域の解像度を高めた。これは、大きな成果だ。

　カオスという概念を持ち込んでも、機械論的世界観の中にいる限り、生命のもつ「因果関係を裏切る能力」は、「ランダム変数（偶然）」に置き換えられて、存在しないことになる。機械論的世界観が正しいのなら、生命が存在することはなく、生命が存在するのなら機械論的世界観が覆ることになる。複雑系の科学は、奇しくも、そのことを明確にしたのだ。

1.3. 量子もつれと共時性

　20世紀に誕生した量子力学は、機械論的世界観を根底から揺さぶった。近代科学は、観測データから因果関係を発見し、数式で記述するという方法をとるが、それは、観測する主体と観測される客体が分離されている（主客分離）が成り立つことが前提になっている。

　主体（意識）と観測対象（存在）とを切り離したところから、近代科学はスタートしているのだ。

　例えば、野球の投手の投げた球をスピードガンで測定する場合について考えてみよう。一般的に、観測者や音源が媒質の空気に対して動くと、音源の出す音の振動数と観測する振動数に違いが生まれる。これをドップラー効果と言う。救急車のサイレンの音の高さ（振動数）が、目の前を通り過ぎる前後で変化するのは、ドップラー効果の身近な例である。スピードガンとは、ドップラー効果を利用して投手の投げるボールの速さを測定する装置である。

図1.3.1　スピードガンによる球速の測定

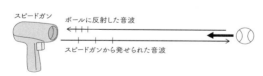

　スピードガンでボールの速さを測定できる前提条件は、超音波がボールの運動に与える影響が小さくて無視できること

である。しかし、例えば、超音波の出力を上げ、ボールの質量を小さくしていくと、超音波でボールを弾き飛ばすことができる。測定する行為が、対象に与える影響が無視できない状況では、観測主体と対象とを分離できなくなる。

　同様の現象は、人類学者が、未知の村でフィールドワークを行なうときにも生じる。村の人たちの考え方や文化を知るためには、その村に入り込んでコミュニケーションをとる必要がある。しかし、人類学者とのコミュニケーションは、村の人たちに影響を与え、村の生活や文化に変化を与えるかもしれない。「人類学者が訪れなかった村の未来」を、人類学者は知ることができないのである。

　量子力学では、観測行為が対象に影響を与えてしまう問題を無視できない。なぜなら、量子力学が観測対象とするのは、電子や光子といった素粒子を含むが、それらを観測するためには、対象に電子や光子を衝突させる必要があるからだ。

　量子力学には、上記の観測の問題に加えて、日常の常識からすると、とても奇妙に感じられる性質がある。それが、「重ね合わせ状態」というものだ。例えば、電子の状態について、量子力学の基本方程式であるシュレディンガー方程式によって解いて得られるのは、電子がとりうる状態の確率分布であり、その中のどれが実現するかは、観測してみないと分からないのだ。

　例えば、箱に電子を閉じ込め、箱の右側で発見される確率と、左側で発見される確率とが等しく1/2だったとしよう。日常の常識で考えれば、電子という粒があって、観測するか

否かにかかわらず、箱のどちらかに存在していて、箱を開けて見たら、右、または、左に発見されるという常識的な話のように聞こえるだろう。この常識的な考え方は、実在論と呼ばれる。

図1.3.2 実在論による古典的な観測

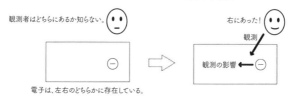

しかし、量子力学は非常識なのだ。電子は、波動としての性質をもち、観測する前は、箱の右側に存在していることと左側に存在していることの「重ね合わせ状態」にある。そして、観測行為によって、「重ね合わせ状態」が破れて、どちらかの状態が現実化すると考える。この非常識な考え方は、量子論と呼ばれる。

図1.3.3 量子論的な観測

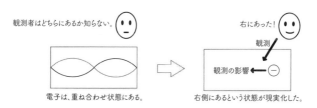

実在論と量子論の違いを明確にしよう。機械論的世界観を支えている実在論とは、以下のようなものである。

1) 物体の位置や速度のような、すべての物理量は、どの瞬間にも、各々1つずつ定まった値をもっている（これを「実在」しているという）。

2) 測定とは、その時刻における物理量の値を知る（確認する）ことである。すなわち、「物理量の測定値」＝「その時刻における物理量の値」である。

3) ある時刻における物理状態とは、その時刻におけるすべての物理量の値の一覧表のことである。

4) 時間発展とは、物理量の値が時々刻々変化することである。

しかし、量子論では、1)〜4)のすべてが変更される。

1) 位置や速度といったすべての物理量が、各瞬間瞬間に定まった値をもつことは一般にはない（重ね合わせ状態にある）。従って各々の物理量は、1つの数値をとる変数ではない。何か別のもの（例えば「演算子」）で表わす。

2) 物理量Aの測定とは、観測者が、起こりえる可能性の中から測定値を1つ得る行為である。つまり、重ね合わせ状態のうちの1つが測定される。得られる測定値aの値は、同じ物理状態ψについて測定しても、一般には測定のたびにバラつく。しかし、確率分布は、物理量Aを表わす演算子と物理状態ψから一意的に定まる。

3) 物理状態ψとは、任意の物理量の（仮にその時刻に測ったとしたら得られるであろう）測定値の確率分布を与える「写像」である。

4）系が時間発展するとは、測定を行なった時刻によって
　　異なる確率分布が得られる、ということである。

　実在論では、「状態」＝「物理量」＝「物理量の測定値」とい
う関係性が成り立つ。確定した状態が実在し、それを測定
して知ることができる。しかし、量子論では、物理量は確率
分布としてでしか得られない。

　実在論者だったアインシュタインは、「神はサイコロを振
らない」と述べ、量子論が確率分布しか与えず、実在論と一
致しない理由は、量子論が不完全な理論だからであると考え
た。そして、量子論の問題点を浮かび上がらせるための思考
実験を考えた。それが、アインシュタイン＝ポドルスキー＝
ローゼンのパラドックス（EPRパラドックス）だ。

　EPRパラドックスは、世界観の大転換の始まりだった。
素粒子はスピンという物理量をもっている。スピンには上向
きと下向きの2種類がある（スピンという言葉を初めて聞い
た人にとっては何のことかと思うだろうが、とりあえず、そ
んなものがあるのかと思って読み進めてほしい）。

　スピン0の素粒子が崩壊して、2つの電子AとBができた
場合を考える。スピンについては保存則が成り立つ（つまり、
スピンの合計値が常に0になる）ので、2つの電子のスピン
の合計は0にならなくてはならない。そのため、一方の電子
のスピンは上向き（+1/2）で、他方の電子のスピンは下向き
（-1/2）になる。

　今、電子Aのスピンを測定したら上向きだったとしよう。
その場合、もう一方の電子Bのスピンは下向きだということ
が分かる。

これを実在論で考えれば、電子AとBに分かれたときに、確率は1/2で、Aが上向きでBが下向き、または、Aが下向きでBが上向きのどちらかが起こる。そのどちらが起こったかは、素粒子が崩壊したときに確定する。電子Aを測定した結果、例えば、前者が起こっていたことを観測者が知るという話になる。これは、私たちの日常の常識と一致している考えである。

図1.3.4　実在論のストーリー

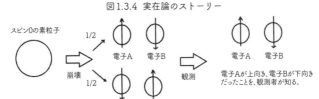

スピン0の素粒子

崩壊

1/2

1/2

電子A　電子B

観測

電子A　電子B

電子Aが上向き、電子Bが下向きだったことを、観測者が知る。

どちらかに確定しているが、観測者は知らない状態

　しかし、量子論は非常識なのだ。量子論では、電子AとBとは、ともに、スピン上向きと下向きとの重ね合わせ状態にあると考える。電子Aと電子Bとは、お互いにスピンが逆向きになるように関係づけられている。これを、量子もつれの状態にあるという。誰かが電子Aを測定した瞬間に、重ね合わせ状態が破れ、確率1/2で上向きが現実化する。それと同時に量子もつれの状態にある電子Bのスピンも下向きが現実化すると考えるのだ。

図1.3.5　量子もつれにある2つの電子の観測

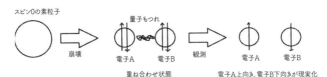

スピン0の素粒子

崩壊

量子もつれ

電子A　電子B

観測

電子A　電子B

重ね合わせ状態

電子A上向き、電子B下向きが現実化

　実在論と量子論の違いを理解していただけただろうか？
この違いを際立たせるためには、電子Aと電子Bとを遠く離れた場所に置き、電子Aを観測すればよいというのが、アインシュタインのアイディアだ。

　相対性理論によれば、情報が光速を超えて伝わることはない。そのため、電子Aを観測して生じた「スピン上向きが現実化した」という情報は、時間をかけて電子Bへ伝わるはずだ。もし、電子Aを測定して重ね合わせ状態が破れるのと同時に電子Bの重ね合わせ状態が破れるのだとすれば、情報が光の速度を超えて伝わることはないという相対性理論の主張に矛盾することになり、「あらゆる物理現象を因果関係で説明する」という近代科学の前提が崩れることになる。

　アインシュタインも、シュレディンガーも、量子論の「重ね合わせ状態」という考え方に対して、「そんなバカなことはあるか？」と思っていたのだ。だから、「もし、それが正しいのだとすれば、こんなおかしなことになるぞ」という思考実験を示した。ちなみに、シュレディンガーが行なった思考実験は、「シュレディンガーの猫」と呼ばれるものである。

　EPR論文が出された29年後の1964年に、実在論と量子論のどちらが正しいのかを判別する条件式「ベルの定理」が発表された。さらにその約20年後、アラン・アスペの実験によって、ついに実在論と量子論のどちらが正しいのかの決着がついた。

　アインシュタインやシュレディンガーの予想に反して、量子論が正しく、私たちの世界観を根本的に転換する事実が明らかになったのだ。

世界観の大転換が、ここから始まった。

常識的な方が真実とは限らない。私たちの宇宙は、思っていた以上に非常識だった。量子もつれにある2つの素粒子は、遠く離れていても相互に結びついていて、因果関係に従わずに同時に重ね合わせ状態を破る。

これまで、「因果関係を満たさない」ことは、「非科学的」であると断定する理由の一つだった。離れたところで同時に起こった関係のありそうな出来事は、「偶然の一致」であると断定された。しかし、科学が「因果関係を満たさない」現象を発見したことによって、「意味のある一致＝シンクロニシティ（共時性）」が確かに存在する可能性が出てきた。

現在、量子もつれにある2つの素粒子を通信に利用する量子テレポーテーションや、重ね合わせ状態にある量子ドットを利用して超並列で計算する量子コンピュータなどの新しい技術開発が始まっている。これらは、機械論的世界観でつくられた従来のアルゴリズムで動くコンピュータの常識を根底から覆す技術だ。世界観が更新され、常識が覆ったことで生まれた技術によって、これまで限界だと考えられていた壁が超えられていく。

さて、私の最大の関心事である「生命のもつ主体性や創造性」というテーマはどうなるだろうか？　機械論的世界観の中には居場所を見出せなかった生命は、新しい世界観である生命論的世界観の中で居場所を見出せるのであろうか？　機械論的世界観における「ランダム変数」を、生命論的世界観で「主体性や創造性」と関連付けられるのだろうか？　このテーマについては、次節で扱うことにする。

図1.3.6 機械論と生命論

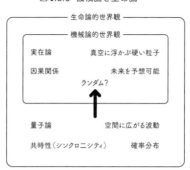

1.4. ニューサイエンスとトランスパーソナル心理学

　世界観転換の衝撃波は、物理学と心理学とを往復しながら、人間観を転換させていった。

　1895年、神経学者であり、後に精神医学の臨床医になったジークムント・フロイトが、「自我が抑圧した個人的領域」として無意識を定義して、精神分析学を創始した。フロイトは、幼児期のトラウマによる抑圧が原因で無意識領域が生まれ、その結果としてヒステリーなどの精神疾患が発生すると説明する。これは、機械論的世界観と矛盾しない因果関係による無意識の説明であり、フロイトは、近代科学のパラダイムを守り通した人だった。

　世界観転換の衝撃波を受けとったのは、フロイトの弟子のカール・グスタフ・ユングである。ユングは他の人間と共通に普遍性をもつ集合的無意識が存在すると考え、分析心理学を創始した。そのアイディアは、量子力学の分野でノーベル

賞を受賞したヴォルフガング・パウリとの議論を通して確立していった。2人は、1932年から1958年まで手紙のやり取りを行ない、因果関係に従わない意味のある偶然の一致についての議論を重ね、その現象を共時性（シンクロニシティ）と名付けた。

　ユングは、人間の意識同士が、集合的無意識を通じて、空間を超えて交流し合っていると考えたのである。

　ユングの考えた心の構造は、次のようなものである。

図1.4.1　ユングの考えた心の構造

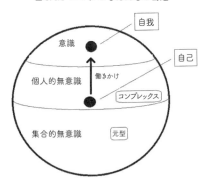

　ユングは、統合失調症の患者の治療を行なう過程で、時代や文化の違いを超えた普遍的なイメージや主題が現われることに気づいた。また、精神的な危機にある患者が治癒する過程において、しばしば現われる、円を要素とする幾何学模様が大乗仏教の一派である密教のマンダラとよく似ていることに着目した。それらの気づきから、個人の意識の働きの元になる、人類共通の普遍的で先験的な型が集合的無意識領域に存在すると仮定し、「元型」と名付けた。

　ユングの分析心理学は、分野や地域によって分断されていた知が統合する合流点となった。ユングとパウリとの出会いによって、物理学と心理学の間に橋が架かり、大乗仏教との類似性から、東西の思想もつながりはじめた。

　ユングの分析心理学では、集合的無意識を通して意識と存在が相補的に結合する可能性がある。ユングによって提示された人間観は、個体として独立すると同時に、集合的無意識によって外部に開いているものである。この矛盾する2つを統合して生きることが「自己実現」であるとしたことで、新しい「発達」の概念も生まれた。ユングは、世界観転換の衝撃波を受けとり、心理学を転換したのである。

　世界観転換の衝撃波が次に向かったのは、第2次世界大戦に絶望した世界中の若者たちだった。

　相対性理論による時空概念の変更、量子力学による実在論の否定、複雑系の科学による未来予測の限界などによって、近代科学の前提が崩れていく一方で、新しい科学が、新しい技術を生み出した。量子力学は半導体の原理を明らかにし、コンピュータが開発された。相対性理論と量子力学を統合した「場の量子論」は、原子核物理や素粒子物理学という新しい分野を開いた。

　　$E = mc^2$　（Eはエネルギー、mは質量、cは光速）

というアインシュタインが発見した有名な関係式は、質量がエネルギーへ転換可能であることを意味する。そこから、核エネルギーを利用するアイディアが生まれた。

　第2次世界大戦が激化する中、核技術の軍事利用が計画さ

れた。アメリカでは、マンハッタン計画と呼ばれるプロジェクトが立ち上がり、ロバート・オッペンハイマーなど、場の量子論の研究者により、原子爆弾が開発された。開発シミュレーションにはコンピュータが利用された。

　科学技術を集結して開発された原子爆弾は、1945年に広島と長崎に投下され、第2次世界大戦が終了した。その後は、アメリカを盟主とする資本主義・自由主義陣営とソビエト連邦（現ロシア）を盟主とする共産主義・社会主義陣営との対立が深まっていった。

　核兵器登場後の世界では、全面戦争は人類の滅亡を意味する。両陣営が、睨み合いながら核兵器を開発し続ける中、ベトナムや朝鮮半島では代理戦争が繰り広げられた。

　かつて、自然の脅威の中で震えていた人類は、それを克服するために科学を発展させた。科学は希望そのものだった。しかし、皮肉なことに、その科学自身が生み出した核兵器が、人類滅亡の危機という絶望をもたらしたのだ。

　この大きな矛盾が、新たな世界観を求める衝動を生み、そこに衝撃波が伝わっていった。その中心になったのが、1960年代から1970年代にかけて、アメリカ西海岸から世界的に広がったヒッピー・ムーブメントであった。

　ヒッピーと呼ばれた若者たちは、第2次世界大戦と核兵器をもたらした機械論的世界観を否定し、東洋の宗教や哲学、反体制思想、左翼思想、自然の中での共同体生活……などのカウンターカルチャーへと向かった。

　サマー・オブ・ラブ、ベトナム反戦運動、公民権運動、学生運動、ロック、野外フェス、性解放、ドラッグ解禁、男女

平等、各種差別の廃止、有機野菜の促進などの多彩な活動は、機械論的世界観の外部へ脱出する試みだった。

このとき、時代の精神で共振共鳴した若者たちが、同時多発的に立ち上がった。日本で『ロッキング・オン』を創刊した橘川さんも、共振共鳴して立ち上がった一人だった。1970年代は、「参加型社会」の萌芽が見られた時代だったのだ。

当時はLSDや幻覚植物が合法だったため、多くの人がドラッグによって非日常的な意識体験をすることになった。その体験は、修行僧が長年の瞑想訓練によって体験するものと類似していたため、LSDを使った臨床研究によって、ユングの集合的無意識や、東洋思想の探究が進んだ。その探究は、ドラッグが非合法化された後も、ヨガや瞑想へと方法論を変えて継続している。

1975年、フリッチョフ・カプラは、幻覚植物に導かれた非日常的な意識体験をヒントに、素粒子物理学者の世界観と、東洋思想とを統合して『タオ自然学』を出版した。この本は世界的なベストセラーとなり、ニューサイエンスと呼ばれる新しい分野が生まれた。

また、アップルの創始者であるスティーブ・ジョブズや、Googleの共同創業者であるラリー・ペイジとセルゲイ・ブリンといったデジタル革命児も、ヒッピー文化の中から出てきた。彼らは、LSDや瞑想の体験をイノベーションに結びつけ、IT革命を牽引した。ジョブズがスタンフォード大学の卒業式演説で語った「コネクティング・ドッツ」は、無意識から湧き出す衝動に導かれて行動することで、点と点とが

結びついて道が開かれていくプロセスを示す言葉である。ジョ
ブスは、生命論的世界観に基づく創造プロセスを理解し、瞑
想などを活用してイノベーションを起こしていたのだ。
Google がマインドフルネス瞑想を社員研修に取り入れる理
由も、同様である。彼らは、生命論的世界観へといち早く世
界観を転換し、それをイノベーションに活用して、ビジネス
で大成功を収めたのだ。

　LSD 臨床や瞑想による非日常的な意識体験が蓄積するに
つれ、それを心理学に取り込む動きが加速した。心のはたら
きを因果関係で説明しようとする機械論的世界観の心理学か
ら、個体の範囲を超えた体験を含む生命論的世界観の心理学
への転換が、本格的に始まった。

表1.4.1　心理学の4つの勢力

	分類	特徴	世界観
第1勢力	精神分析	個人的無意識領域に生じるコンプレックスによって心の動きを説明	機械論
第2勢力	行動主義	刺激と反応の因果関係を理論化	機械論
第3勢力	人間性心理学	主体性・創造性・自己実現・自己超越といった人間の肯定的な側面を強調	生命論
第4勢力	トランスパーソナル心理学	個人的・個体的な経験を超えた経験を重視	生命論

　心理学の第1勢力である精神分析は、「人間の行動の原動
力は欲求を満たしたいという動機であり、それが抑圧されて
「(個人的) 無意識」になっている」と考えた。精神分析におけ
る治療とは、無意識化されたものを意識化することだった。
　それに対して、第2勢力である行動主義は、目に見えない

意識や心を扱うべきではないと考え、外部に現われる行動を観察した。行動主義における治療とは、行動を修正することだった。第1、第2勢力は、個を断片化して捉えているという点で、機械論的世界観に基づく心理学であると言える。

第3勢力の人間性心理学を代表するのは、人間の欲求の階層で有名なアブラハム・マズローや、クライアント中心療法というカウンセリングの創始者、カール・ロジャースなどである。彼らは、人間を入力と出力の因果関係からなる機械とは見なさず、自己実現欲求をもつ生命体だと捉えた。これは、人間を機械と見なす捉え方に対する人間性回復運動であった。

マズローは、晩年、自己実現の後に自己超越の欲求の段階がくると考えるようになり、1969年に「トランスパーソナル心理学学会」を設立した。これが、第4勢力に相当する。

また、ロジャースの弟子のマーシャル・ローゼンバーグは、意識の深層にある「深い動機（ニーズ）」を感じ、相互に共感してコミュニケーションをとることで、社会全体に対する争いや衝突を解決する非暴力コミュニケーションを開発した。共感とは個を超えてつながるトランスパーソナルな感覚の一つである。

ケン・ウィルバーは、1973年、トランスパーソナル心理学と東西の宗教思想とを統合し、『意識のスペクトル』を出版した。ウィルバーは、ユングの集合的無意識を発展させ、人間の発達を、自己意識が生じる前段階 ⇒自我意識が生じるパーソナルな意識 ⇒自我領域を超えてアイデンティティが拡張するトランスパーソナルな意識、と段階を踏んでいくプロセスとしてモデル化した。

ウィルバーは、1993年に『進化の構造』を出版し、トランスパーソナル心理学の枠組みを超えたインテグラル思想を展開するようになった。

　機械論的世界観における人間像は、刺激に対して反応する機械のような存在である。その因果関係である「心の作動原理」を明らかにしようとしたのが行動主義である。そして、一般的な「心の作動原理」から外れた反応、つまり、「心の故障」の説明原理として個人的無意識を想定したのが精神分析である。機械論的世界観では、人間を機械と見なしたため、「心の作動原理」や、「心の故障原因」に関心が向いたのである。

　それに対して、生命論的世界観における人間像は、個人領域に閉じつつも、集合的無意識を通して外部領域に開いている二重性をもつ。人間性心理学では、集合的無意識を主体性や創造性の源泉と捉え、人間には、それらの二重性を統合する自己実現欲求があると考えた。トランスパーソナル心理学は、その考えをさらに推し進め、自我領域を超えて広がるトランスパーソナルな意識へと向かう自己超越欲求まで拡張した。生命論的世界観では、人間を主体的、創造的な存在と見なしたため、生命体としての「発達段階」に関心が向いているのである。

　物理学者のデイヴィッド・ボームは、物理学とコミュニケーションとの間に橋を架けた。ボームは、量子もつれの存在は私たちが認識する3次元世界が、4次元以上の高次元に埋め込まれていることを示唆していると解釈した。ボームは、その高次元に畳み込まれている秩序を「内蔵秩序」（implicate order＝暗在系）、3次元世界の秩序を「顕前秩序」（explicate order＝明在系）と呼んだ。

　ボームは、私たちの世界は「内蔵秩序」を通してつながり合った全体運動をしているが、私たちの意識は、それを3次元で断片化したものだと認識する傾向があるのだと考えた。これは、大乗仏教の華厳経などの考え方と共通するものである。ボームは、また、この世界観に基づき、ボームのダイアログ（ボーミアンダイアログ）を考案した。

　このダイアログには前もった目的や課題はなく、参加者は、ただ思考の過程を観察し、自分の固定観念や偏見に気づいていく。ここでは、固定観念を緩めて潜在的な「内蔵秩序」のはたらきを感じとることが意図されている。

　ボームの影響を受けて、1997年にMITにSoL＝Society for Organizational Learning(組織学習協会)が設立された。SoLのピーター・センゲやオットー・シャーマーは、世界中の創造プロセスを整理し、『U理論』という形にまとめた。

図1.4.2　生命論的世界観と「U理論」

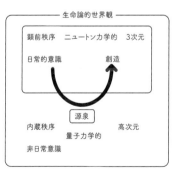

U理論は、対話によって固定観念を緩めて潜在意識にアクセスし、源泉に触れて未来を出現させる創造プロセスを説明したものである。3次元に閉じている機械論的世界観では説明不可能だった「創造性」が、高次元に拡張した生命論的世界観で説明可能になったのである。

　アーノルド・ミンデルは、物理学を専攻した後、ユング派の心理療法家になった。ミンデルは、人間の背後に「ドリーミング」と呼ばれる広大な無意識体が存在し、その働きかけが「ドリームボディ」となり、身体に夢や病気を引き起こすと考え、プロセス指向心理学（プロセスワーク）を創始した。

　プロセス指向心理学の特徴は、ドリームボディを手がかりにして、自覚していない微細なシグナルを増幅して展開し、無意識の材料を統合することを支援することだ。また、集合的無意識の非局在性を積極的に認め、個人、グループ、世界の心理的プロセスが、相互に影響し合っているというトランスパーソナルな枠組みで、ワークやファシリテーションを行なう。

　組織や共同体を対象に行なう「ワールドワーク」では、個人よりも場に焦点が当てられる。グループにある「場の感情」は、代弁する誰かから表現される。代弁者が担う役割を「ロール」と呼ぶ。ファシリテータは、「場の感情」が「ロール」を通して展開されるドラマを顕在化させ、グループに気づきが生まれるようにする。

　プロセス指向心理学は、世界を、「合意された現実（Consensus Reality・CR）」「ドリームランド（Dream Land）」「エッセンス（Essence）」の3層構造で捉え、現在、数多くの実践的なワークが開発されており、説明体系も進化し続けている。

図1.4.3　生命論的世界観とプロセス指向心理学

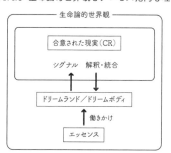

1.5.　教育と組織のパラダイムシフト

　ここまで見てきたように、機械論的世界観から生命論的世界観への転換によって、人間観は次のように変化した。
　機械論的人間観：断片化された個体であり、外部からの刺激に対して因果関係に従う。
　生命論的人間観：個体であると同時に集合的無意識を通して外部に開かれた二重の存在であり、無意識から立ち現われる主体性や創造性をもつ。

　一方、インターネットの登場によってグローバル化が進み、「変化が加速する時代」「正解のない時代」と呼ばれるようになった。因果関係を見出して予測することが困難な状況の中で、生命論的世界観へ転換し、主体性や創造性を活用することが重視されるようになってきたのだ。

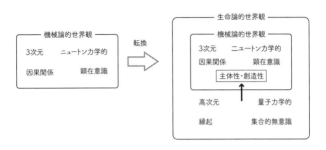

図1.5.1　機械論から生命論への転換

　日本の文部科学省は、2018年の学習指導要領から段階的に「主体的対話的で深い学び」への転換を打ち出している。これは、主体性のもつ本来的な意味からすれば、人間観が、3次元空間における因果的再現性を重視する「機械論」から、トランスパーソナルな集合的無意識とを行き来して主体的、創造的な活動を生み出す「生命論」へ転換することに他ならない。

　そして、転換した人間観に基づき、子どもの生命体としての主体性を信頼し尊重する学びへと、転換することを意味するはずである。機械論的世界観を維持したまま、表面的に「主体性」を掲げても、生徒や学生が、「先生！　主体的ってこれで合っていますか？」と教師の顔色を伺うというような倒錯した現象が発生し、混乱を生むだけである。新たな世界観の共有と、それに基づく教育システムについての本質的な議論が、今こそ必要なときである。

　組織においても、機械論から生命論への転換が語られている。2019年、フレデリック・ラルーは、『ティール組織』に

おいて、トランスパーソナル心理学の成人発達段階を組織に
適用し、分類した。その一部を以下に示す。

表1.5.1 組織の発達段階

タイプ	特徴	世界観
アンバー （順応型）	部族社会から農業、国家、文明、官僚制の時代へ。時間の流れによる因果関係を理解。計画が可能に。規則、規律、規範による階層構造の誕生。教会や軍隊。	機械論
オレンジ （達成型）	科学的、イノベーション、起業家精神の時代へ。「命令と統制」から「予測と統制」。実力主義の誕生。効率的で複雑な階層組織。多国籍企業。	機械論
グリーン （多元型）	物質主義の反動としてのコミュニティ型組織の時代へ。平等と多様性を重視、ボトムアップの意志決定。文化重視の組織。多数のステークホルダー。CSR。	機械論
ティール （進化型）	変化の激しい時代における生命型組織の時代へ。自主経営（セルフ・マネジメント）、全体性（ホールネス）、存在目的を重視する独自の慣行。	生命論

　この組織のパラダイムの中で、注目すべきがグリーン（多
元型）である。人間観が「断片化されている個体」でありな
がら、平等と多様性を重視し、対話による意思決定を行なう
のがグリーンの特徴だ。平等と多様性の両方を重視して対話
すると、さまざまな矛盾や葛藤と向き合うことになる。その
プロセスを通して、内面の複雑さが増し、流動的な自分の内
側の自然を認識すると、人間観が機械論から生命論へと転換
する。
　人間観が生命論へ転換すると、集合的無意識でつながり合
う自他非分離の感覚が生まれてくる。個人の平等をベースに
しつつ、各自が適材適所で生かされ、組織が生態系として調
和することの方が重視される。組織の集合的無意識から湧き
出してくる組織の「いのち」の意志が「存在目的」である。「存

在目的」とつながりながら各チームが自主経営を行なう共創のドラマが展開し、各自が組織に存在している意味が生まれてくる。

ティール（進化型）は、人間観が転換した結果として自然発生する形態である。

アンバー、グリーン、ティールの違いを明らかにするために、「指と手のたとえ」を用いよう。アンバーとグリーンは、指を「断片化した個」と捉えている。長さの順に序列化してヒエラルキーを構築するのがアンバーだとすると、5本の指を平等に扱おうとして、各指の意志を尊重しようとするのがグリーンである。それに対して、「同じ手の指だよね」という個を超えた全体性の意識のもと、「存在目的」から生じる手の意志を指が感じとって、指の意志をそこに重ね合わせて即興的に動こうとするのがティールである。

図1.5.2 機械論的組織と生命論的組織

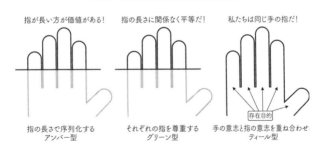

人類は、社会システムが行き詰ったときに、意識を内面に向け、内的衝動によって同時多発的な行動を生み出してきた。1970年代の世界中の若者による同時多発的な動きの第一波

は、第2次世界大戦と核兵器の使用によって、近代が行き詰ったことを感じとったから起こったのだ。

　2020年からのコロナ状況下で、現代社会の行き詰まりを、世界中の人々が再び感じとっているだろう。その結果、私やあなたを含む同時代を生きる人たちが、意識を内面に向け、内的衝動によって同時多発的な動きの第二波を生み出していくだろう。

　ここまで述べてきたように、機械論的世界観から生命論的世界観へ大転換する衝撃波の第一波が、世界中にゆっくりと広がっている。コロナ状況下で発生する第二波によって、旧来の社会構造と価値観が崩壊していくだろう。崩壊後のカオスの中から、私たち一人ひとりの意志による同時多発的な動きによって、参加型社会が出現していくはずだ。

Zoomとの出会いとネットワーク実践記
個人史における参加型社会の胎動

　さまざまな情報は、自分の人生と関連付けられたときに重要な意味をもつ。世界観の転換は、自分自身が受けてきた教育や、社会人としての個人的な経験と関連付けられたときに自分ごとになる。遠い昔の誰かの話ではなく、「私自身のこと」だったのだと気づく。

　第2章は、世界観の転換を、私の個人史と関連付けて語ろうと思う。同時代を生きているあなたが、自分自身との関連性を見つける手がかりになればうれしい。

2.1.　大切なことはすべて粘菌から学んだ
粘菌的な知性と南方熊楠

　1971年に生まれた私は、団塊ジュニアと呼ばれる世代である。親（団塊世代）は、ヒッピーたちと同世代であり、日本でも学生運動などを活発にやった時代に立ち会っている。つまり、世界の同時多発的な動きを肌で感じた世代である。私たちの世代は、第2次ベビーブーマーと呼ばれて、とにかく同級生が多く、つねに競争にさらされていた。

　よい大学に進学し、よい仕事に就くといった人生の成功法則が存在しているという錯覚を、同世代の多くの人が共有していたように思う。世界中で噴き出した生命エネルギーは、権力によって押さえつけられ、お金によって骨抜きにされ、いつのまにか封じ込められていったのだろう。私は、封じ込めが進む時代の中で疑問を感じずに受験勉強に邁進した一人

だった。

　1年間の浪人生活の末に希望していた学部へ合格することができたが、浪人生活の間、原因不明の咳に悩まされた。大学に進学すると同時に咳は止まったが、4年後に大学院進学をする頃に、再び咳が止まらなくなった。今から思えば、競争にさらされるストレスに対して、身体が拒否反応を示していたのだろう。私は、競争に勝ち抜こうと必死に努力していたが、私の身体は、決められたレールの上を進んでいくことを拒否していたのだと思う。

　理工学部応用物理学科という近代科学の中心地へと進んだ私が惹かれたのは、「カオス理論」であり、大学院で研究したのは、生物の自律的な行動による自己組織化だった。

　私が研究対象に選んだ細胞性粘菌は、単細胞期と多細胞期の両方をライフサイクルの中にもつ変わった生物だ。

　単細胞アメーバとして生活する増殖期、cAMPというシグナルを出し合って集合する集合期、合体してナメクジ状の多細胞体をつくって移動する移動期、子実体をつくって胞子を飛ばす形態形成期という異なる状態を移行する。

　単細胞の粘菌アメーバは、自律的に動き回ってバクテリアを食べる。合体すると、組織体の一部として取り込まれ、入れ替わるように多細胞体が光の当たる方向へ向かって自律的に移動しはじめる。このとき、単細胞の粘菌アメーバの自律性はどこにいってしまったのだろうか？　多細胞体の自律性とは、どこから生まれたのだろうか？　粘菌アメーバは、どうやって多細胞体の秩序を自己組織化（＝自発的な秩序化）

するのだろうか？　これらが、私の疑問だった。

図2.1.1　細胞性粘菌のライフサイクル

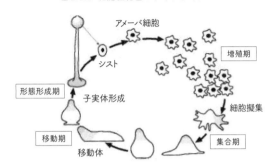

しかし、今から思えば、私が本当に知りたかったのは、粘菌アメーバではなく「私の自律性」だったのだと思う。この社会の中で生きている私は、どれだけ自律的なのだろうか？　社会という得体のしれない集合体は、どこへ向かって移動しているのだろうか？　そこに自分は参加しているのだろうか？という自分自身の切実な疑問と向き合うことができず、その代わりにコンピュータの中につくった粘菌の数理モデルをいじくりまわしていたのだ。

抑えているものは、いつか爆発するものだ。その後、学生結婚、男性中心社会の矛盾との直面、大学院中退、と私の人生はレールを外れていった。

「カオス理論」を頭の中でこねくり回していた学生時代を終え、人生がカオスへと突入した。大学院を中退するときに、恩師の相澤洋二先生がかけてくれた言葉を今でもよく覚えている。

「田原君、カオスには、世界をサーチする力があるんですよ」

　この後にも何度も人生のカオスに突入することになるが、そのたびに、この言葉が心の中に響いた。混乱の中にあっても、「今は、カオスサーチ中」と思うことで、不思議と落ち着くことができた。

　粘菌には、私が研究していた細胞性粘菌の他に、真正粘菌が有名である。真正粘菌は、変形菌と呼ばれる巨大アメーバを形づくり、迷路を解くなど知性的な活動を見せる。中沢新一著『レンマ学』によると、粘菌が示す知性は、言葉を用いて論理的に処理する「ロゴス的知性」ではなく、分散的なネットワークに出現する縁起を直感する「レンマ的知性」なのだそうだ。この2種類の粘菌は、私に自然の摂理とは何かを教えてくれるモデルになっている。

　粘菌といえば南方熊楠が有名だ。熊楠は、熊野の山奥で顕微鏡を覗き、粘菌を通して自然の摂理を探究し、東西思想の統合を夢見た。アカデミズムを離れた在野の研究者となった私にとっては、一生、在野を貫いた熊楠は、心強い先達だった。しかし、正直言って、熊楠の書いている本の内容は、長いこと、さっぱり分からなかった。熊楠の問題意識の在処が分からなかったので、何を言おうとしているのかつかめなかったのだ。

　ところが近年、東西思想の統合が私自身の切実なテーマになってきたとたん、急に熊楠の言葉が心に響いてきた。熊楠の切実さが、少しずつ感じられるようになってきて、ようや

く熊楠に入門することができた。第5章では、熊楠を参考にしながら生命論的世界観の構成を試みる。

　私が10代の時に感じたのは閉塞感と息苦しさだった。20代で「カオス」と出会って、主体性や自律性に基づく自己組織化の探究が人生のテーマになった。ヒントになったのは、自然の摂理の象徴としての粘菌だった。アカデミズムの外に出た私は、自分の人生を使った実践研究を続けていくことになった。

2.2.　予備校講師とインターネット

　大学院を中退して就いた仕事は、物理の予備校講師だった。当時の予備校は不思議な場所だった。大学受験という競争に勝ち抜くための産業であるのだが、そこは、学生運動に身を投じてアカデミズムの世界にいられなくなった元全共闘の活動家の行き場になっていた。

　「大学解体」を掲げた彼らには、「本当の教育」をやるのだという熱気があった。世代交代とともに、そんな予備校の雰囲気は変質していったが、少なくとも2005年くらいまでは熱気が残っていた。

　私は、予備校の同僚だった生物講師の明峯哲夫さんから影響を受けた。明峯さんは、学生運動をきっかけにアカデミズムから去って有機農業の活動家になり、食品の共同購入にとどまらず共同生産をするための農場を立ち上げた人だった。たった独りで「農業生物学研究室主宰」と名乗っている在野の研究者でもあった。

　明峯さんと、毎週、講師室で植物の環境応答能力について議論を重ねた。それは、言い換えれば、植物は環境に対してどのくらい自律的なのかということだ。明峯さんも私も、「生命が、主体的、自律的に生きるとはどういうことか？」に、関心があって、明峯さんは農業の視点から、私は物理学の視点から同じテーマを探究していた。10年間の交流を通して、明峯さんから1960年〜1970年代の空気感を受けとったように思う。そして、私も在野の研究者として生きることを決意した。

　2000年代を特徴づけるインターネットの登場は、私の人生に大きな影響を与えた。在野の研究者にとって、アクセスできる情報が増えることは、知の可能性の拡大そのものだった。かつては、大学の図書館に出入りして論文をコピーできる環境がないと研究することは難しかったが、インターネット上でさまざまな論文を読むことができるようになって、状況が一変した。アカデミズムの中に閉ざされていた情報が、インターネットによってオープンになっていくことを実感した。新しい知の在り方が出現するのを直感した。大学に所属していない個人が、どこまで独りで研究できるのかを試してみようと思った。

　2005年には、予備校で行なっていた物理の講義動画をインターネット配信する会社を立ち上げ、「フィズヨビ」というサービスをスタートした。複雑系の知識を活用して、インターネット空間に網を張り、受講者がサイトにたどり着く仕掛けをつくった。たとえ話だけで物理の考え方を説明するメー

ルマガジンを発行した。メールマガジンの読者に向けて、高
校物理の内容を独学で学べる環境をつくった。

　申し込んできた人の半数以上は社会人だった。特に目立っ
たのが、医学部を再受験する社会人だった。物理を独学でき
ずに困っていた人たちが、「フィズヨビ」で物理を学んで医
学部に合格した。この頃に気づいたのは、「オンラインはリ
アルの代替ではない」ということだった。

　武術を学ぶ60歳の男性が、同じ講義を7回ずつ繰り返し
視聴してマスターした。ほとんどの受講生は、4倍速で全体
を概観してから2倍速で学んでいた。対面の講義を単にオン
ラインに置き換えたものではない、新しいものがそこにあっ
た。やってみたからこそ気づいた「新しいもの」こそが、本
質的に重要だった。

2.3. 東日本大震災で感じた違和感とマレーシア移住

　2011年3月11日、宮城県仙台市で東日本大震災を体験した。
翌日、福島で原発事故が起こった。当時、宮城県仙台市、福
島県いわき市、茨城県水戸市の3ヵ所の予備校で働いていた
が、いわき市と水戸市の予備校は、震災をきっかけに閉鎖に
なった。放射性の危険性について自分で調べるほど、テレビ
で放映される内容とのギャップを大きく感じるようになり、
違和感が膨らんだ。

　違和感が決定的になったのは、SPEEDI（緊急時迅速放射能
影響予測ネットワークシステム）のデータが公表されずに隠
蔽されたことを知ったときだった。住民の命よりも別のもの

が優先されていると感じた。きっと、気づいていなかっただけで、これまでもそうだったのだろう。社会システムに対して、ぼんやりと抱いていた信頼が、音を立てて崩れた。自分が社会システムの中で思考停止して生きていたことに腹が立った。思考停止して生きるように育成する教育システムにも疑問がわいた。とにかく、腹が立って仕方がなかった。

　認識の前提が覆るとカオスになる。何を信じたらよいか分からなくなった。職場の同僚や近所の人とも話ができなくなった。それまで、近所に住み、同じ職場に通い……といった同じ部分をもつ人たちと共通点でつながって、浅い人間関係を築いて生きてきた。しかし、そこに「放射線リスクに対する捉え方の違い」が入り込んだとき、共通点でつながっていた関係性は、違いによって分断されて粉々になったような気がした。

　2011年9月に、マレーシアに移住した。日本の中で形成してきた世界観が崩れてしまい、ゼロから再構築したかったのだ。そのためには、日本を出る必要があると感じた。マレーシアには、震災前に何度か旅行で訪れていた。英語が通じること、生活費が安いこと、治安が良いことが、移住先として選ぶ決め手となった。初めての海外生活に悪戦苦闘し、異文化体験に常識を覆されながら生活の基盤づくりをしているうちに、あっという間に1年が過ぎた。

　ちょうどその頃、アメリカでは、カーン・アカデミーという無料動画講義サイトが話題になっていた。小学生レベルから大学レベルまでの授業コンテンツや確認テストが無料で公

開され、世界中の誰でも無料で学べるのだ。MOOCsと呼ばれるプラットフォームでは、大学や企業研修の講義動画が無料で公開されるようになった。それに影響を受けて、日本でもeboardやmanabeeなど、動画講義を無料配信するNPO法人が活動を始めていた。明らかに大きな変化が起こっていた。

「フィズヨビ」の経験から、動画講義は、倍速で繰り返し視聴できるため、予備校での生講義よりも、学習ツールとしては優れているということに気づいていた。動画は無限に複製可能なので、限りなく価格が安くなっていくのは必然だ（実際に、この数年後に、ベネッセやリクルートが参入し、価格が1/100になった）。

「教師が教える」というコンテンツ提供型のビジネスモデルが終わり、教師や学校の存在の意味が問われる時代が来るのだと悟った。無料コンテンツ時代では、複製できない「人間らしい価値の提供」が重要になると直感した。震災の体験から、盲目的に社会システムに従うのではなく、自分で考えて、社会を創造する力を育成する教育を探究したいと思った。それには、まず、自分自身が学ぶ必要があるし、目覚める必要があった。そして、マレーシア在住の私には、それらをすべてオンラインでやらなくてはならないという制約があった。

2.4. 主体的な学び支援とは何だろうか？

主体性や創造性を育む新しい教育手法について情報収集をするうち、反転授業に出会った。反転授業とは、教師が生徒に一方的に教える伝統的な一斉授業に対して、教室と自宅学

習の役割を「反転」する授業法である。

　一斉授業では、教室で教師が生徒に向かって知識伝達を行ない、生徒は自宅学習で練習問題を解くなどして知識を定着させる。しかし、テクノロジーの発展と教育を取り巻く社会状況の変化によって、伝統的な一斉授業が必ずしも最適解ではなくなってきたのだ。自宅学習で事前に動画を視聴して知識伝達を行なったうえで、教室では、対話や議論中心の課題に取り組むアクティブ・ラーニングを行なうという「反転授業」という授業法がアメリカで考案され、世界中で注目されるようになった。

　それまで探究してきた動画の活用と「人間らしい価値提供」とを組み合わすことができる「反転授業」に、大きな可能性を感じ、2012年12月にFacebookグループ「反転授業の研究」を立ち上げた。

図2.4.1　伝統的な授業と反転授業の違い

　反転授業の創始者ジョナサン・バーグマンに連絡をとり、Skypeでインタビューをした。彼に、反転授業の普及活動のゴールを聞いたところ、次のような答えが返ってきた。

「私は、ゴールがあるのか分かりません。ただ、1つだけシンプルなゴールがあります。子どもたちは、このやり方で本当に学ぶことができるということです。それと、このやり方は、先生と子どもたちの関係をよくします。もし、ゴールがあるとすれば、人々の関係をよくしたいということです。生徒と先生、生徒同士、先生同士。その他にゴールはないと思います」

反転授業の本質は、人間らしい双方向のコミュニケーションを確保し、関係性を育んでいくことにある。それを実現するための手段として、動画などのテクノロジーを活用することをバーグマンさんから学んだ。それは、私が探究したい「人間らしい価値の提供」と方向を同じくするものだった。

震災からちょうど2年が経った2013年3月、明峯哲夫さんと東京で会食した。明峯さんは、農家を支援するために福島に通い、農産物への放射性セシウムの移行率を測定していた。仙台からマレーシアに移住した私と明峯さんの人生は、全く違う向きへ進んでいて、話をしながら心がチクチクと痛んだ。

明峯さんは、2013年1月に行なわれた公開討論会「原発事故放射線汚染と農業・農村の復興の道」にパネリストとして議論に加わり、小出裕章さん、中島紀一さん、菅野正寿さんとの共著で『原発事故と農の復興』という本を緊急出版したばかりだった。マレーシアに帰る飛行機の中で、明峯さんから受けとった本を読んだとき、はっと気づいたことがあった。そこで、Facebookに投稿し、その内容を明峯さんにもメールで送った。以下がその内容だ。

————

古い友人の明峯哲夫さんと、久しぶりに会ってお話しする機会がありました。

(中略)

僕は、震災後、長年契約していた有機栽培農家の契約を打ち切り、東北を離れる決断をしました。それは、明峯さんの主張に真っ向から反することであることでした。もう以前のような関係性には戻れないと思いました。明峯さんの文章を読むと、それが、自分を批判しているように感じられるようになりました。

震災と原発事故によって、僕たちは暴力的に決断を迫られて、決断の違いによって関係性に亀裂が入り、断絶させられ、孤独を感じるようになりました。この断絶は、

「違いを認めよう」

「お互いの価値観を尊重しよう」

などと言った、使い古された陳腐な言葉ではとうてい埋まらないほどの深く絶望的なものに感じられました。2年経っても、正直言って、この断絶はほとんど埋まっていないように感じていました。

今回、明峯さんと会って、今度、新しく出る本をいただきました。『原発事故と農の復興』という本で、有機農業を行なっているNPOが、京都大学の小出裕章さんを招いて行なった公開討論会をもとにつくられた本です。明峯さんも、パネラーとして参加して発言し、論考を投稿しています。

本の中では、2年間の調査の結果、福島の土壌に粘土が多く含まれることと、土が肥沃だったことから、セシウムの農産物への移行がチェルノブイリとは違って極めて低く抑えられ、「福島の奇跡」と呼ばれているということなど、ほとんど知られていないことがたくさん書いてありました。同時に、農作業をする際に土壌に固

定されたセシウムから放出される放射線による外部被曝は避けられず、被曝リスクを覚悟した上で農作業をしているとも書いてありました。

「放射線が強い地域では、コミュニティごと避難すべき」という小出さんに対して、明峯さんの意見は、「人間は安全性だけで生きているわけではありません。場合によっては、危険であると分かっていても、それを覚悟して生きていく。それが人間です。むちゃくちゃ危険なことをして早死にしても、それがその人の人生だったということにもなるし、ただただ長生きするだけの人生を潔しとしないという考え方もあります」といって、避難に対しては、真っ向対立の立場です。

その後、「大事にしているファクターがいくつもあって人生は複雑です」「それぞれが、自分の人生設計の中でいくつかのファクターを考えた上で決められればよい。そのような決められる自由が重要です」と発言していました。

これを読んだときに、断絶を乗り越えるための希望が、少し見えました。

各人は、それぞれの生まれた場所、育ち方、環境、子どもの有無などの違いがあって、その多くは選択できないものです。そして、それまで生きてきた歴史があって、その結果として生まれてきたファクターの分布に従って決断を下していくことになります。どのファクターを優先するかは、まさにその人の生き方そのもので、その人のファクターの分布を反映するものです。自分は、自分の人生設計のためのファクター分布があり、それに忠実に従って結論を下しています。

ベクトルの「向き」が同じであるということに基づいた共感では

なく、自分の人生に忠実に行動し、自分の在り方を表現している
というベクトルの「大きさ」に共感することが可能なのだと思う
ことができました。ファクターの分布に忠実に従って下した結論
が他人と違ったものになっても、それは、必ずしも断絶を意味し
ないということが、これを読んでいて心で納得できました。

そして、ベクトルの「向き」が違うことで断絶と見えたものを乗
り越えるためには、自分自身も自分の人生に忠実にベクトルの「大
きさ」を大きくしていけばよい。そうすれば、違ったレベルで共
感して、つながっていけるのではないかと思えたのです。

僕には僕の背景と歴史があり、人生設計のファクターがあり、そ
の結果、下した決断は他の人と違ってくるけれど、自分自身に忠
実に、迷わずに進んでいこうという前向きな気持ちが生まれました。

僕の人生の節目に、重要な示唆を与えてくれる明峯さんには、本
当に感謝しています。

————

これに対し、明峯さんから次のような返事がきた。

————

田原さま

先日はお忙しい所、お時間をつくっていただいてありがとうござ
いました。

おかげさまで「ネット講義」について、少しイメージが湧いてき
ました。少しずつ準備をしていこうと思っています。いろいろ教
えていただくことになると思いますが、どうかよろしくお願いし
ます。

新刊に対するメッセージ、とてもうれしく拝読しました。僕の拙
い言葉の中から、「真実」を発見されたあなたの聡明さに心から敬

意を表します。同時にあなたと知り合えたことの喜びをひしひし
と感じています。

この本は留まった人への応援のつもりなのですが、同時に離れた
人に対する応援にもなりうるとすれば、それは望外の喜びです。

あなたのメッセージは共著者や編集者にも読んでもらおうと思っ
ています。この本を出したことに意味があったことをみな喜んで
くれると思います。

ありがとうございました。

「在野の研究者」の未来に大いなる実りがもたらされますよう、あ
らためて祈ります。

明峯　2013年3月9日

———————

　違いによって分断が起こるのではなく、均質な「正しさ」
があるという幻想に捉われているから分断が起こるのだと気
づいた。その幻想は画一的な教育によってつくられたものだ
ろう。教育の問題点のしっぽを捕まえた気がした。10年以
上かけてつくってきた関係性の強さがあったから、違いの向
こう側にある景色を見ることができた。

　明峯さんは、その後も、福島の農家の支援を続け、2014
年に食道がんで急逝した。その後、最後の著書『有機農業・
自然農法の技術──農業生物学者からの提言』が私の元へ送
られてきた。病院では「このままでは、いのちがつながらない」
と言っていたそうだ。届いた本は、自分への手紙のように思
えた。追悼の気持ちを込めて、「農業生物学者から教わった
こと」という連載をブログに書いた。後から聞いたことだが、
ご家族が、私のブログ記事を印刷して明峯さんの仏前に供え、

「いのちがつながったよ」と伝えてくれたそうだ。それを聞いて、バトンを受けとったような気持ちになった。

　2013年の夏、アクティブ・ラーニングの牽引者の一人である小林昭文さんと出会った。小林さんは、「授業研究AL＆AL」というブログに、アクティブ・ラーニングの考え方や、教育システムの問題点などを連載していた。パイプライン式に進路へ振り分けていく教育システムは、かつては機能していたが、今は機能しなくなっているという意見に納得した。
　小林さんの「違いを学び合いのエネルギーにする」という言葉に触れたとき、アクティブ・ラーニングの実践は、分断を乗り越える方法の一つになると感じた。小林さんとの出会いは、「反転授業の研究」の活動が本格化するきっかけになった。震災後に生じた違和感と、新しい教育が目指すものが少しずつ形を現わしてきた。
　2013年9月、小林さん他2名をゲストに呼び、アクティブ・ラーニングや反転授業の実践についてのオンライン勉強会を実施した。佐賀県武雄市に反転授業が導入された時期と重なり、WizIQというWeb教室システムに110名が集まった。チャットに熱気があふれ、「すごい時代になった。時代は変わった」と興奮した。
　翌日から、Facebookグループへの参加申請が急増した。オンライン勉強会は毎月実施することになった。うわさを聞きつけて、新しい教育実践に関心のある人たちが集結してきた。その中には、東日本大震災をきっかけに教育の在り方に疑問を感じた人たちが少なからずいた。福島毅さんのように

高校教師を辞めた人もいた。

　震災直後には分からなかったが、違和感を膨らませていたのは、自分だけではなかったことを知った。「反転授業の研究」は、震災後に何かを感じた人たちが、内的衝動によって同時多発的に行動を起こし、合流してきたグループなのだと思った。

　さまざまな実践をしている人にインタビューを行ない、オンライン勉強会に登壇してもらった。予備校業界で10年以上働いてきたが、多様な教育実践については何も分かっていなかったことに気づいた。しかし、主催者が「何も分かっていない」ということはマイナスではなかった。分からないから「問い」が生まれ、周りを巻き込んだ探究学習が生まれたからだ。

　また、主催者である私がマレーシアに住んでいて、オンラインでしか集まれないというのもよかった。もし、私が東京在住だったら、勉強会は東京で開催され、その場に参加できない人との間に温度差が生まれてしまっていただろう。知らないこと、できないことが、新しい可能性を生み出した。

　グループの新規参加者には、必ず自己紹介を投稿してもらい、その投稿に私はコメントをつけた。コメントが連なるにはどういう関わり方がよいのだろうかと試行錯誤した結果、相手の投稿に関心をもって質問を投げかけると、コメントが多数連なることに気づいた。他のメンバーをタグ付けしてつなぐこともあった。すると、自己紹介に何十個もコメントがつけられることが珍しくなくなった。自己紹介にコメントが連なって「歓迎された」と感じた人が、後から入る人を歓迎する側に回るという循環が生まれた。そして、グループ内の

交流の中から浮かび上がってきた人に、次々にインタビューをしていった。

　今から思えば、これが、第5章で説明する「非同期ファシリテーション」の原体験だったように思う。

　コミュニティ運営を初めてすることになり、大学院で研究した自己組織化を参考にした。液体の対流現象など、物質が自己組織化する条件は、以下である。

　1) 非平衡（均一でないこと）
　2) 開放系（外部と物質やエネルギーのやり取りがあること）
　3) ゆらぎが増幅する仕組み

図2.4.2 対流構造の自己組織化

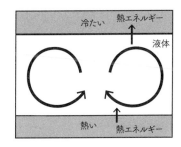

　例えば、容器に入れた液体の下部を温め、上部を冷やすと、温度差が閾値を超えたとき、対流構造が発生する（自己組織化する）。温められた液体の下部は密度が小さくなって軽くなり、冷やされた液体上部は密度が大きくなって重くなるので、液体の密度が均質化する向きに流れが生まれるのだ。下部から熱エネルギーが加え（加熱され）続けられ、上部からは熱エネルギーが奪い取られ（冷やし）続けられることで、

下部から上部への熱エネルギーの移動が継続し、対流構造が維持される。

　このような、物質が自己組織化する条件を、コミュニティが自己組織化する条件に翻訳して運営方針を決めていた。

表2.4.1　物質系とコミュニティの自己組織化する条件

物質系が自己組織化する条件	コミュニティが自己組織化する条件
非平衡（均一でないこと）	多様性が維持されていること
開放系（外部と物質やエネルギーのやりとりがあること）	メンバーの出入りがあり、流動性があること
ゆらぎが増幅される仕組み	ちょっとした言動が、全体の活動に結びつく動きが自然発生すること

　非平衡開放系を実現するために、定期的に誰でも参加可能な無料勉強会を行ない、新規参加者が入ってきて多様性が維持されるようにした。また、新規参加者を歓迎し、他の人の関心とつなぎ、コミュニケーションを増幅していった。有名な人、立場のある人を特別扱いせず、グループ内の交流から浮かび上がってきた人にスポットを当てた。「自分から立ち上れば誰かが受け止めてくれる」という信頼が場に生まれ、それによって、「気軽に自分から立ち上がる」という状況になることが、閾値を超えることだと捉えた。

　誰もが立ち上がりやすい状況をつくるためには、関係性をフラットにする必要があると思った。上下関係があると、少数の「上」の人だけが発言し、大多数の「下」の人は受け身になるからだ。「反転授業の研究」で知り合った人たちのほとんどは、新しく知り合った人たちだったので、年齢やジェンダー、社会的立場に関係なくフラットな関係性をつくりやすかった。

　私は、このオンラインコミュニティで、人生で初めて「フラットな関係」を体験した。余計なものを身につけずに、ありのままの本音で関わることの楽しさを体験した。「本当の人間関係はリアルでしかできない。オンラインでできるのは情報のやり取りだけだ」という声を聞くことがあったが、それとは真逆の体験だった。それまでリアルでは表面上の付き合いをしてきたが、オンラインで初めて本音の付き合いをするようになったからだ。特に女性の活躍が目立った。男性中心のリアルの社会で周辺に置かれがちな女性たちが、オンラインのフラットな関係性の中で自分を解放し、本来の実力を発揮して輝きはじめた。

　このように、大学院で学んだ自己組織化の知識は、コミュニティ運営の方針を決めたり、状況を見立てたりするのに役立った。しかし、物質とコミュニティの自己組織化には、決定的に違うところがあることに気づいた。再現可能な物質の自己組織化と、行き当たりばったりでドラマを生み出す生命体の自己組織化とは、本質的に違う部分があるのだ（この違いについては、本章2.6で扱う）。

　反転授業では、教師の役割が「壇上の賢人からファシリテータへと変わる」と言われている。グループワークの経験がなかったので、グループで学ぶと、どのように学びが深まるのかピンとこなかった。主体的な学びを促進するためにファシリテータが何をやっているのかも想像ができなかった。すると、「反転授業の研究」の友人たちが、ワールド・カフェというワークショップがあることを教えてくれた。

　ワールド・カフェは、「カフェ」のようなリラックスした

雰囲気の中で、少人数に分かれたテーブルで自由な会話を行なう対話手法だ。他のテーブルとメンバーをシャッフルして対話を続けることによって、参加した全員の意見や知識を集めることができることが特徴である。さっそく、香取一昭著『ワールド・カフェをやろう！』を読みはじめたところ、大きな衝撃を受けた。その箇所を引用しよう。

[ワールド・カフェの基本哲学]

　　1）人々による会話がウェブ状につながり合うことにより未来が創造される。

　　2）魅力的な問い（大切な問い）が、集合的学習を促進する。

　　3）人間や組織、家族コミュニティは生命システムである。

　　4）生命システムの基本はネットワークである。

　　5）システムが多様性に富み、創造的な方法で統合されることにより知性が生まれる。

　　6）我々は必要とする知恵や資源を集合的に所有している。

表2.4.2 機械論的組織と生命論的組織の比較

	機械としてみると	生命体としてみると
所有者	誰かに所有されている。	自分自身が所有者である。
目的	機械をつくった人が考える目的のために存在する（所有者に最大限の利益を生み出すため）。	自分自身の内在的な目的をもっている。
誰がつくるのか	外部の人がつくる。	自分自身の内的プロセスによって自らをつくる。
行動	マネジメントによって与えられる目標や意思決定に対する反応として行動する。	自らの目的を達成するために自律的に行動する。
メンバーの性格	メンバーは従業員、「人的資源」であり使われる存在である。	メンバーは human work community である。
誰が変化させるか	静的で固定的である。誰かが変えることで変わる。	自然に進化する。

　複雑系、粘菌、教育、インターネット、反転授業、コミュニティなどのキーワードがすべてつながった。私は、「生命体がもつ可能性＝自己組織化する能力」を信じて、ずっとそれが花開くための方法を探求してきたのだと気づいた。

　今取り組んでいる「反転授業の研究」は、自分が生きる意味と密接につながっていて、そこに自分自身を投げ込んで、実践研究すればよいのだと分かった。かつてのようにコンピュータの画面の中で行なっていた研究ではなく、本物の世界に身体ごとぶつかっていって、自分自身に起こるさまざまなことから学んで研究すればよいと思った。ようやく、自分の生きる方向性が定まって覚悟が決まった。点と点とがつながって未来を指し示す「コネクティング・ドッツ」が自分の人生に起こったことがうれしくて涙が溢れた。

図2.4.3　コネクティング・ドッツ

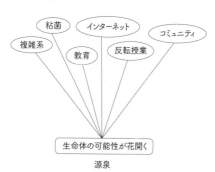

　感謝を伝えたくて、著者の香取さんに、長文のメールを書き、Skypeで話をさせてもらった。オンラインでワールド・カフェを学ぶ方法はないかと尋ねた私に、香取さんは、オン

ライン・ワールド・カフェの第一人者であるエイミー・レンゾさんを紹介してくれた。

さっそく、レンゾさんに連絡をとると、翌月から始まるオンライン講座を紹介してくれた。その講座に、内容もよく分からないまま申し込んだ。

それは、ワールド・カフェのファシリテータのための講座だった。8週間にわたって課題を提出したり、Web会議室で対話をしたりしながら進んでいき、最後にはワールド・カフェのワークショップデザインを行なうグループワークが用意されていた。受講者は30名ほどだったが、私以外の全員が西欧人で、英語を自由に操り、すでに活動をしているファシリテータだった。英語が不自由で、ファシリテーションの素人の私は、場違いのところに迷い込んできてしまったような気がしたが、せっかく紹介してくれた香取さんのことを思うと、後には引けなかった。

受講者には英語の資料が大量に送付され、事前に読んでくることが求められた。最初の4週間は、「第1章を読み、印象に残った箇所を引用し、その理由を書け」といったような課題が出され、MoodleというLMS (Learning Management System) のフォーラムに提出することを求められた。

英語で大量の資料を読むのはひと苦労で、課題を英語で書き込むのも大変だった。背景知識もなく、資料を読んでもよく分からない部分が多かった。だが、課題に取り組んでいるうちに、重要なことに気づいた。資料を読んでも分からなかったことが、他の受講生の書いていることや、それに対するコメントを読むと理解できたのだ。一緒に学んでいる人がいる

意味が実感できた。

　講座の後半は、実践的な課題へと移行した。私は、ロシア人の女性ファシリテータとSkypeで話し合いながら、一緒にワールド・カフェのデザインをした。経験豊富な彼女が、どんなやり方でワークショップデザインをするのかをリアルタイムで見ることができたのは、とても参考になった。大した意見を言うことはできなかったが、自分が思ったことを一生懸命伝えた。

　この講座に出たことで、私は2つの大きな可能性を手にした。1つは、レンゾさんのオンラインのファシリテーションを体験し、オンラインファシリテータが学び合いを促進するためにやっていることを学習者として実感できたこと。もう1つは、学習者中心のオンライン講座をやる方法が分かったこと。講座を終えた2ヵ月後、さっそく、「反転授業の研究」の仲間たちに声をかけ、自分たちで学習者中心オンライン講座を開くことにした。

　2014年に入り、「反転授業の研究」のメンバーは1,000名ほどに増えていた。動画講義のつくり方、授業設計、ファシリテーション、アクティブ・ラーニング実践など、さまざまな探究テーマが浮かび上がってきていた。レンゾさんのオンライン講座を参考にして、オンライン講座を次々に開いていった。

　初めの頃は、脱落者が多いのが悩みだった。当時、アメリカで話題になっていたMOOCsでは、93％が脱落すると言われていたので、「オンライン講座は脱落しても仕方がないも

のだ」とも思ったが、なんとか脱落しないようにする工夫は
できないかと知恵を絞った。脱落する理由について考えてい
るうちに、学習者が孤立すると、疎外感や劣等感を感じやす
くなるメカニズムがあることに気づいた。

　そこで、講座の時間以外に、講座とは関係ないおしゃべり
をする「雑談ルーム」の時間をつくることにした。講座では、
ある程度決められた行動を求められるが、雑談ルームでは、
自由なおしゃべりで盛り上がった。私たちは、雑談ルームで
受講者と運営者という垣根を超えて友達になった。友達になっ
たら、受講者は感じている不安や悩みを率直に伝えてくれる
ようになり、それに対応できるようになった。気がついたら、
脱落者は、ほとんど出なくなっていた。

　試行錯誤の中から生まれてきた「反転授業の研究式オンラ
イン講座のデザイン」とは、次の図2.4.4のようなものだ。

図2.4.4 反転授業の研究式オンライン講座のデザイン

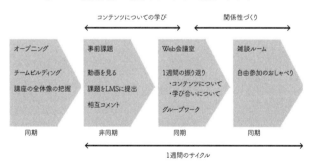

リアルのワークショップなどでは、空き時間に周りの人と
おしゃべりする余白がある。その時間に出会いがあり、友達

になることができる。しかし、オンラインでは、余白がそぎ落とされてコンテンツだけになってしまいがちである。だから、余白を意識的にデザインの中に入れる必要がある。

例えば、火曜日に90分間の講座をやり、土曜日には60分間（延長あり）の雑談ルームを開くといったように、フォーマルな時間とインフォーマルな時間の両方を同じくらい用意する。雑談ルームでのざっくばらんなおしゃべりを通して友達になると、安心して相手の課題に対してコメントできるようになる。コンテンツと関係性とは、講座の質を高めるための両輪であり、相補的なものなのだと思う。

オンライン講座を続けていくうちに、コミュニティの仲間から集客するということに違和感が出てきた。関係性をフラットにして学び合いをしていこうというコミュニティの理想と、講師をブランディングして集客するというビジネスのやり方との不整合が気になりはじめたのだ。そんなときに、筒井洋一さん（当時、京都精華大学教授）の授業のやり方がヒントになった。

筒井さんの「グループワーク概論」では、授業を一緒につくるボランティア（Creative Team 以下CT）を学外から公募する。筒井さんとCTとが一緒に授業をつくり、授業時間には、CTが前に立って話す。学生の目の前で、自分と年代の近いCTが主体的に活動して成長し続ける。その様子に学生は触発されて主体的に動き出す。教室の後ろには、毎回、多数の見学者がいて、授業が終わった後、学生、CT、見学者、筒井さんとで振り返りを行なう。それによって、多様な視点から学ぶことができる。「学校と社会とをつなげる」と筒井さ

んは言っていた。

　京都精華大学へ授業見学に行き、さっそく、そのやり方を取り入れた。オンライン講座の受講生の中から運営ボランティアを公募し、受講生として体得した学び合いの文化を次の受講生に伝達するのと同時に、運営の方法をインターンとして学んで、次回以降の運営チームへ入ってもらう予備軍になってもらった。

　運営ボランティアで経験を積んだ人の中から有償の運営チームメンバーになる人が出てきて、さらに、運営統括を担う人も出てきた。講師役は外部から呼んでくるのではなく、コミュニティメンバーが担った。

　受講者⇒運営ボランティア⇒運営チーム⇒講師＆運営統括というように、役割を変えながら学ぶことができるような循環が起こるためには、役割を交代しながら、人が入れ替わっていく必要がある。そのためには、運営統括の私が、役割を卒業して次の段階へと進む必要がある。

　2015年になると、私は運営統括を二人三脚で活動してきた松島渉さん（当時、山口県の高校教諭）へ引き継ぎ、外部のコミュニティとのコラボ企画を立てたり、オンライン講座のノウハウを外部に提供する機会をつくったりする役割へとシフトした。講座を開催するたびにコミュニティにオンライン講座の運営ができる人が増えていき、講座に関わる人たちが立場を超えて友達になっていった。いつのまにか、コミュニティメンバーは4,000人を超えていた。

図2.4.5「反転授業の研究」の循環構造

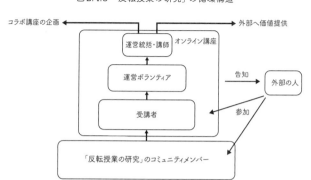

「反転授業の研究」の実践を通して、コミュニティメンバーは、お互いの主体性を引き出し合っていった。その経験から、自分自身が主体的に生きていなければ、生徒の主体性を引き出すことなどできないのだということに気づいた。まずは、私たちが主体的に生きていなければ、何も始まらないのだ。

　コントロールを手放して、相手に自由を与えること。起こったことを受けとめること。自分たちが本当に感じていることを正直に話すことを実践していくことで、私を含め、コミュニティメンバーの多くが自分らしく生きるようになっていき、生き方が本質的になっていった。しかし、それは同時に、機械論的世界観で動いているピラミッド型の学校組織や社会との矛盾が大きくなっていくことでもあった。主体的な学びを追及すると、本質的な問題へと向かう。私たちが組織や社会の問題に突き当たったのは必然だった。

2.5. Zoomでコミュニケーション革命が起こる！

　2015年に、社会変革ファシリテータのボブ・スティルガー著『未来が見えなくなったとき、僕たちは何を語るのだろう』に出会った。そこには、東日本大震災後、ボブさんたち数名のファシリテータが東北に入って、対話の場を開いていったときのことが書いてあった。

　ボブさんたちが行なったアクティブ・ホープというワークは、絶望の中から立ち上がってくる、主体的に選択する希望（アクティブ・ホープ）を見出すものだ。震災後、お互いに生じた違いによって関係性が粉々になったと感じて絶望したが、ちょうど同じ頃に東北に入っていき、絶望の中から希望を出現させたファシリテータたちがいたことに心を揺さぶられた。

　震災直後は成すすべもなく分断されてしまったが、それを乗り越えてつながりを取り戻せるようになりたいと思った。社会変革ファシリテータは、いったい何をしているのかが知りたくなり、ボブさんに連絡をとってオンラインで話すことになった。

　Skypeで話そうと思っていたら、ボブさんから見たことのないURLが送られてきた。それをクリックすると自動的にWeb会議室につながった。それがZoomとの出会いだった。マレーシアに移住したことや、「反転授業の研究」のことなどを話した。ボブさんは、話を深く聴いてくれた。そして、「答えよりも問いが大事です」と言った。

　混乱の中でコミュニティが未来を見出すための問いを投げ

かけるボブさんの生の声を聴いた。ボブさんたちは、パラダイムシフトのプロセスを示すTwo Loops というモデルを使っていた。それに照らして考えたとき、私は、震災直後に旧パラダイムから離脱して新しい活動を始め、コミュニティをつくってきた人たちの一人なのだと認識できた。震災などがあると、過去の延長線上の未来が見えなくなり、絶望が生まれる。しかし、そこに生まれた空白から、潜在的なものが出現してくる。

　震災や原発事故は、東北だけでなく日本や世界の各地に生きている人に衝撃を与え、内的衝動によって動き出した人たちが、それぞれにコミュニティをつくった。それらのコミュニティがお互いに知り合って合流することを、トランスローカルというのだそうだ。内面の衝動によって動き出した人たちが合流してできた「反転授業の研究」も、時代の中で同時多発的に生まれた活動の一つなのだと認識できた。

図2.5.1　Two Loops Model

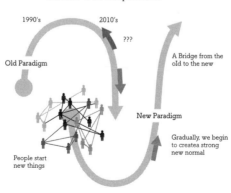

注）https://newstories.org より

ボブさんと話した後、「オンラインに特化して、コミュニティをつくっている私の役割は何だろう？」と自問自答した。この後、同時多発的に出現したコミュニティ同士が合流するフェーズが来る。そのとき、オンラインを活用することになるに違いない。だから、コミュニティ同士がオンラインでつながるためのプロトタイプをつくっていこうと思った。それを、社会変革オンラインファシリテータとしての私の活動と位置づけた。

　私たちがWeb会議室に求めていた機能は、次の3つだった。

　1）1クリックで接続できる。

　2）録画ができる。

　3）グループワークができる。

　2015年当時は、複数のツールを組み合わせて上の1）〜3）を実現していた。運営には熟練したチームワークが必要で、簡単に真似できるものではなかった。2015年の終わりにZoomにブレークアウト機能（小グループに分ける機能）がつき、上記の3つの条件を満たした最初のWeb会議室となった。ボブさんやレンゾさんも、いち早くZoomの可能性に気づき、使いはじめていた。

　誰もが簡単にオンラインワークショップを実施できる環境が整い、コミュニケーション革命が起こることを直感した。Zoom革命というWebサイトをつくり、コンセプトを発信しはじめた。この直感は、5年後のコロナ状況下で現実のものになった。

　ちょうどその頃、『U理論』の翻訳者であり、後に『ザ・メ

ンタルモデル』を出版する由佐美香子さんと出会った。由佐さんは、人間が全体性とつながって本質的に生きることを支援するワークショップを日本各地で行なっていた。

　由佐さんに「オンラインでやったらどうか？」と持ちかけ、2016年2月に合同会社CCC（Co-Creation Creators. LLC）と「反転授業の研究」の運営メンバーとのコラボで、「全体性から生きるAuthentic Leadership特別基礎編」というオンラインワークショップを実施した。

　約50名の受講者が集まった。実装されたばかりのZoomのブレークアウト機能を活用し、5〜6人のチームに分かれてグループワークなどを行なった。これをきっかけに合同会社CCCはオンラインワークショップを行なうようになり、「反転授業の研究」のメンバーは、非暴力コミュニケーションを活動に取り入れるようになった。お互いが探究してきたことを分かち合うことができた。

　2016年4月に熊本で大地震が起こった。東日本大震災の記憶が蘇った。震災後の分断の痛みが原動力になって、それを乗り越えられるように対話や、ファシリテーションや、非暴力コミュニケーションを学んできた。オンラインで本気で交流して、信頼関係をつくってきた。その真価が問われるときがきたと思った。

　倉本龍さんが中心になって、オンライン対話の場が繰り返し開かれた。筒井洋一さんが、「支援を反転する」というアイディアを出した。被災した熊本を周りが支援するという発想ではなく、熊本の人たちに状況を報告してもらい、そこか

ら熊本外の人たちが学ぶことが大事だというのが筒井さんの
アイディアだった。

　熊本在住の高校教師たちが、車の中から、避難所になってい
る学校から、余震が続く自宅から、Zoomにアクセスして
状況を報告してくれた。

　「大きな被害に遭っている人がいるのに、自宅が壊れてい
ない自分が避難所に行くのは罪悪感がある」という熊本から
の声に対して、東日本大震災で津波の被害がひどかった岩手
県陸前高田の参加者が「東北でも全く同じ仕組みで分断が起
こった」と体験をシェアしてくれた。それを聴いているみん
なが、分断が起こるメカニズムを体験から学んだ。

　熊本には、被害の大小による違いが発生していたが、「違
いを学びのエネルギーにする」という「反転授業の研究」で
取り組んできた考え方が役立った。深刻な状況の中で、お互
いに正直な気持ちをシェアして学びにすることができた。5
年間、取り組んできたことは無駄ではなかった。

　2016年6月、友人からの勧めで深尾葉子著『魂の脱植民地
化とは何か』を読んだ。そこには、震災後に感じた「思考停
止に陥るメカニズム」についての重要なヒントが散りばめら
れていた。ようやく核心部分にたどり着いたと感じた。

　この本は、「叢書 魂の脱植民地化」というシリーズの中の
1冊であった。そのシリーズには、深尾葉子さん、安冨歩さ
んらによる「魂の脱植民地化研究」の成果がまとめられていた。
『魂の脱植民地化とは何か』についての長いレビューを書き、
深尾さんに連絡をとった。

　そこから、深尾さん、安冨さんとの交流が始まった。第1章で述べたように、安冨さんとの交流は、複雑系の限界に対する気づきをもたらしたが、それに加えて、その限界の先にある生命の可能性について考えるきっかけにもなった。

　魂の植民地化と脱植民地化について、『合理的な神秘主義』の中の安冨さんの言葉を引用する。

―――――

　私たちが「確実性」への余計な希求にとらわれるのは、魂の能力を信じられなくなるからである。私たちが自らの生きる力を信じられなくなるのは、自らの地平で自らの世界を生きることができなくなるからであり、その現象を我々は「魂の植民地化」と呼ぶ。逆に、そこから抜け出して世界を自らの地平で生きるようになることを「魂の脱植民地化」と呼ぶ。

―――――

　大学院で粘菌研究をしていた頃、安冨さんは「複雑系経済学」の研究で、日本の複雑系研究を牽引している一人だった。複雑系研究をしていた安冨さんが、どうして、「魂の脱植民地化」という考えに至ったのか。前述したように、安冨さんの著作を時代順に読み、登ったルートを参考にしながら、同じ突起物に手をかけてロッククライミングをするような作業をした。

　『複雑さを生きる』⇒『生きるための経済学』⇒『生きる技法』⇒『生きるための論語』⇒『合理的な神秘主義』と読み進めていくうちに、機械論的世界観から抜け出して、生命論的世界観へと認識が転換した。

安冨さんは、「記述の罠にいったん陥った人が、そこから抜け出すのは難しい」と言っていた。安冨さんという先人がいなければ、「記述の罠」にはまっていた私が、自力で抜け出すことは難しかっただろう。アカデミズムから離れ、在野の研究者として生きていたことも、プラスに働いたのだと思う。一度、枠組みの外に出ると機械論的世界観のメカニズムが明確に見えるようになってきた。

　深尾さんは、まだ言葉になっていない領域を表現するために、「蓋」「箱」「確信犯的いきあたりばったり」のような用語を次々につくり出していた。言葉によって構成されている世界のフロンティアでは、言葉は単に使用されるだけでなく、つくられていくのだということを肌で感じた。

　それまでは、誰かが言葉にしたことを理解して、他の人に分かりやすく説明するのが自分の役割だと感じていた。しかし、自分の内面に湧きあがるイメージや感覚に当てはまる言葉がないときは、それにぴったりくるような言葉を探し、必要なら自分でつくればよいのだと思った。そう決意して最初につくった言葉が「フォアグラ型教育」だった。

　「フォアグラ型教育」という言葉は、パウロ・フレイレ著『被抑圧者のための教育学』を読んでいたときに頭に浮かんだものだ。

　フレイレは、一方的に知識を流し込む教育を「銀行型教育」、双方向的に対話する教育を「対話型教育」と名付けていた。前者は、銀行にお金を預けるように、頭の中に知識を入れているという意味なのだが、「銀行型教育」という言葉には、

身体性の要素が欠けているように感じた。一方的に知識を流し込む行為は、暴力的なのだ。だから、身体からは拒否反応が起こる。

　しかし、「我慢するのが偉い」「我慢できない人は価値がない」などといった社会の抑圧的な語りが、身体からの拒否反応を抑え込んでくる。それを受け入れて内面化してしまうと、身体感覚を切り離して麻痺させ、他人の地平を生きるようになってしまう。つまり、魂が植民地化されてしまうのだ。

　そのプロセスを思い浮かべたとき、「口を閉じないで食べ続けるガチョウが偉いんだよ」と話しかけられながら、強制的に餌を食べさせられるガチョウのイメージが浮かんだ。「もうおなかいっぱいで苦しいよ」という身体反応を切り離して麻痺させたガチョウは、フォアグラ生産者の語りを内面化し、「そうだ！　私は我慢強いガチョウなのだ！」と虚栄心を抱き、自分の肝臓が他のガチョウよりも肥大していることを誇りに思い、「お前の肝臓よりも、僕の肝臓の方が高価なんだぞ！」と威張る。

　そして、その自己欺瞞からくる自己嫌悪を他のガチョウに投影し、「苦しいよ」と正直に吐露するガチョウに対して、「ダメなやつだ！」と攻撃するだろう。このような抑圧と同調圧力のメカニズムは、多くの学校や組織で作動しているのではないだろうか？

図2.5.2　フォアグラ型教育

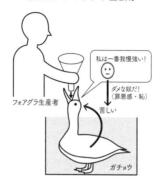

　私たちは、フォアグラガチョウとどのくらい違うだろうか？
「ちゃんとやらないと、生きていけないぞ！」「よい部品にな
れば、お金と権力をやるぞ！」という社会システムのアメと
ムチの声に脅されて、不良品になることを恐れ、社会のより
良い部品になるように努力し、受験勉強に追い立てられ、就
職してからも、競争に追い立てられてきた私たちは、フォア
グラガチョウと同じなのではないだろうか？

　深尾さんと私は、「魂の脱植民地化ダイアログ」を企画し、
私たちの中に埋め込まれて身体化されている何かを見に行く
ためのダイアログをZoomで繰り返し行った。
　自分の見たくない部分を見に行くのは心身に負担がかかる
作業だった。途中で体調が悪くなった。しかし、だんだんと
メカニズムが見えてきた。私たちがたどり着いた「社会シス
テムが魂を植民地化するメカニズム」を図解すると、図2.5.3
のようになる。

図2.5.3 社会システムによって魂が植民地化されていく仕組み
（外発エンジン）

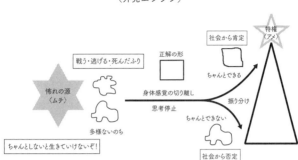

　このアメとムチによる外発的動機づけによって、社会システムに適合していくメカニズムを「外発エンジン」と呼ぶことにする。魂を脱植民地化して、自分の地平で生きることを取り戻していくためには、切り離してしまった身体感覚や感情とつながり直していくことが必要だと痛感した。

　同じ時期に、ミキ・アムリタさんから、コロンビア人の非暴力コミュニケーション（Non Violent Communication：NVC）トレーナーのホルヘ・ルビオさんを講師にしたオンライン講座のサポートを依頼された。

　この講座は、感情を手がかりに、自分の深い動機（ニーズ）とのつながりを取り戻していくためのもので、魂の脱植民地化プロセスの只中にあった私が必要としているものだった。

　ホルヘさんは、刻一刻と移ろいゆく自分の心の天気（スペイン語でVivenciaという）を感じながらその場にいることを大事にしていて、Vivenciaとのつながりが感じられるまで、

話しはじめなかった。受講生が待っていても、長い間、沈黙していることに驚いた。ホルヘさんからは、共感には2種類あることを学んだ。

シンパシー：自分と相手が同じだと感じて共感すること。
エンパシー：自分とは異なる相手の世界を感じて共感すること。

忘れられない光景がある。ある日、ホルヘさんは、共感について説明していて、突然黙り込んだ。数分の沈黙の後、黙り込んだ理由を次のように語った。

「NVCのワークショップを自宅からやるのは初めてだ。この家には、甥っ子たちがうろついている。彼らが、『朝から怒鳴り散らしているホルヘが、非暴力コミュニケーションのワークをやるのかよ！』と思っているんじゃないかと思ったら、集中できなくなった。せっかくこのような機会を準備してもらっているのに、そんな理由で集中できないのが悲しい」

その場で悲しみはじめたホルヘさんに、何か声をかけなくてはいけない気持ちになって思わず口走った。

「ホルヘさん、私も自宅で仕事をしているので、同じような気持ちになることがあります」

ホルヘさんは、その言葉をしっかりと聴いた後、次のように言った。

「マサト、ありがとう。マサトは、私にシンパシーを示してくれた。シンパシーは美しい。でも、この後のワークでは、エンパシーを練習する。エンパシーは、相手の世界を聴くんだ。みんな、その違いに注意してやってみてほしい」

　とっさにシンパシーを示した自分が、ちょっと恥ずかしかった。でも、この生々しいやりとりを通して、シンパシーとエンパシーの違いを、とてもよく理解できた。さらに、自分は、無自覚にシンパシーを示す傾向があるのだということも認識できた。この瞬間が、ホルヘさんの講座の中で、最も心に刻まれている。真実の声から立ち現われるプロセスからの学びというものがあるのだということを体験した瞬間だった。

　ホルヘさんから学んだことを実践する機会は、すぐに訪れた。1ヵ月間の高校物理のオンライン春期講習会を行なったときのことだ。反転授業の研究式のオンライン講座を、高校生や受験生向けにやってみようと思い、高校生、浪人生、社会人が混ざり合った20名ほどの受講生相手に講座を始めた。オープニングでフォアグラ型教育の話をして、「みんな、自由にやろう。『何かをすべき』を手放していこう」と呼びかけた。ところが、その呼びかけは、受講生の反発を招いた。

　「田原さんは、何かをすべきを『手放すべき』と言っているんじゃないですか？」と反論された。次にZoomに集まるまでの1週間、LMSの掲示板でやり取りしながら、怒りや悲しみが湧き、NVC講座の主催のミキさんに相談した。

　「教育の抑圧の問題に取り組んで、その問題の根底にあるものを探して、深く潜ってカギを見つけてきて、檻のカギを外して扉を開けたのに、誰も出てこないような感じだ」と言うと、ミキさんは、怒りの気持ちや、悲しい気持ちに共感してくれた後、「田原さん。その扉から出てくるのは、人間じゃないもののような気がするよ」と言った。

ミキさんにサポートしてもらいながら、自分の感情に意識を向けて感じてみると、自分は、本当に心の底から怒っていることに気づいた。それは、反論してきた生徒に対してではなく、社会システムの暴力に対しての怒りだった。その怒りに突き動かされて、日本を飛び出し、4,000人以上のコミュニティを運営し、そのシステムを解体するためにメカニズムを突き止めようと寝食を忘れて取り組んできたのだ。扉から出てきたのは、私の怒りだった。

　そんな自分を振り返ったとき、淡々と生きていた震災前の自分が、ずいぶん遠くに感じられた。自分を突き動かしているマグマのようなものの存在が内部でうごめいているのを感じた。このようなマグマが、一人ひとりの中に存在しているのなら、社会はこのエネルギーによって変わっていくだろう。

　LMSの掲示板には、自分が何に対して怒っていたのか、言いたいことが伝わらなくて悲しかったことなどを正直に書いた。翌週のZoomには、「田原さんが悲しんでいると聞いたんで……」と、講習会に申し込んでいない人までが集まってきた。

　正直な気持ちを話し、心が通じ合った気がした。物理の問題を解けるか解けないかとかは、人間としての存在の価値とは関係ない。自分ができることをやり、周りにサポートしてもらい、周りをサポートしながらともに生きていく人間らしい学び合いのコミュニケーションに価値がある。そのようなコミュニケーションが生まれるためには、正直な自分を表現することが大事になる。講師の私が鎧を脱いだことをきっかけに、学び合いのプロセスがぐるぐる回った。

　講習会の後、浪人生の5名に、「Zoomアカウントと LMS を貸すから、この学び合いを自分たちで続けてみたらどうだろう？」と提案し、彼らは「オンライン自習室」を自主運営することになった。医学部を目指す社会人と多浪生などからなるそのグループは、それから2年間、毎日のように、朝から夜までZoom自習室に入り、つながり続けて励まし合って勉強を続け、人生と真剣に向き合った。

　医学部に合格したり、多浪から抜け出したりという結果を出した人も、大学合格という結果が出なかった人もいたが、彼らが生み出した一番の価値は、Zoom自習室で2年間、励まし合って努力したという人間的なコミュニケーションだったと思う。自分の魂を震わせて真実の声を発すると、それに共鳴した魂が触発されて、自ら動き出すのだ。お互いに魂を震わせて交流することが大事なのだということを、彼らから教えてもらった。

　自分の魂を震わせて、真実の声を発して生きたいと願うようになると、自分の生き方が抱えている矛盾が苦しくなってきた。現在の教育システムに対して「フォアグラ型教育だ」と批判した刃が、大学受験をサポートする仕事で収入を得ている自分に突き刺さってきた。「お金を稼がないと生きていけない」という社会から刷り込まれた恐怖感を克服しないと、生命論的世界観を生きることができないのではないかと思った。つながりと循環の中で生きていくためには、それを信頼して、怖れを手放すことが必要になると思った。

　グーグルに払っていた毎月10万円の広告費を止め、その

10万円を、心から感謝を感じたり、応援したいと思ったりする人への寄付に使うという「ペイフォワードプロジェクト」を独りで始めた。最低1年間続けることを決めた。広告費をゼロにすれば、新規の受講生は入ってこなくなるから、収入は減っていくだろう。ペイフォワードで10万円を払うので、さらにお金は出ていくことになる。合理的に考えるとあり得ないことだ。しかし、機械論から生命論へのパラダイムシフトを自分に起こすには、機械論の合理性を破壊しなければならないだろう。

「非合理なこと」をやることが大事だという直感があった。恐れは確かにあったが、恐れが増す方向に進んで突き抜けていくしかないと思った。

震災後の5年間を振り返ったとき、誰に感謝を感じているだろうかと思いをめぐらせたら、エイミー・レンゾさんの顔が浮かんだ。彼女から教わったワールド・カフェやオンライン講座の開き方が、自分の人生を開いてくれたからだ。レンゾさんにFacebookメッセンジャーを送って寄付を提案すると、驚いた様子だったが、喜んで受けとってくれた。それをきっかけに、3回にわたってオンラインで話すことになった。

その年は、ワールド・カフェ誕生20周年のイベントが日本で行なわれることになっており、レンゾさんはゲストとして招待されていた。イベントの応援も兼ねて、レンゾさんとの会話をインタビュー記事にしてブログに連載した。レンゾさんは、とても喜んでくれ、イベント最終日のオンライン・ワールド・カフェ参加者に推薦してくれた。

レンゾさんを紹介してくれた香取さんも、この展開をとて

も喜んでくれた。それをきっかけに、レンゾさん、香取さん、私の3人は、1年に1回のInternational Association of Facilitators (IAF) のカンファレンスで、オンラインと対面とを融合させたハイブリッド・ワールド・カフェを行なうようになった。香取さんの推薦で、IAF Japan の理事になり、国内外のファシリテータたちとも交流することになった。たった1つのペイフォワードから、たくさんの豊かなコミュニケーションが生み出された。

　翌月からは、2人に5万円ずつをペイフォワードすることにした。「誰にペイフォワードをしたら、しっくりくるだろうか?」をいつも考えている日々が始まった。循環が生まれるときと生まれないときがあり、その違いはどこから来るのかを探究した。どんな願いを込めて寄付をするのかを丁寧に伝えることが大事なことが分かってきた。1年間で合計23名の人にペイフォワードをした。

　広告費をゼロにしたフィズヨビの収入はほとんどなくなったが、それと引き換えに、たくさんの信頼関係のつながりが生まれた。いろんなところから声をかけてもらえるようになり、プロジェクトが自然発生するようになった。

　自分の見えている範囲で確実にお金が入るような仕組みをつくる機械論的安心感に対し、自分の見えていない範囲に広がっている信頼関係のつながりで起こっている循環を信じるのが、生命論的安心感だろう。1年かけた「修行」のおかげで、お金がなくなることへの恐怖心がなくなり、循環の中で生きられるようになってきた。「ギフトに生きる」を実践してい

る平和活動家の石丸弘さんなど、ギフト経済の実践者たちと知り合ったのも、この時期だった。自分の生き方が変わったことで、知り合う人たちが変わってきた。

2.6. コミュニティと組織のオンライン自己組織化

　機械論では、思考を用いて組織を設計して、そこに人間の活動を当てはめていくのに対して、生命論では、人間の生命的な活動から自己組織化していくプロセスを重視する。活動と組織の優先順位がひっくり返るのだ。でも、そんなことが可能なのだろうか？

　2016年に「生きるためのX」というプロジェクトを始めた。これは、安冨歩さんの著書『生きるための経済学』『生きるための論語』にヒントを得て、「何かのために生きる」のではなく、「生きるために何かがある」という反転を起こす試みだった。

　「反転授業の研究」で知り合った中西寿道さんに「生きるためのX」のWeb制作サポートをお願いした。同じ頃、自然発生するプロジェクトが自分のキャパシティを超えはじめていて、組織コンサルタントの平手喬久さんが仕組み化を手伝ってくれることになった。さらに、佐藤さわさん、杉岡一樹さん、浅井英臣さんが加わりチームができた。佐藤さんは、東日本大震災時に仙台に住んでおり、震災をきっかけに生き方を転換した人だった。仙台から出ていった私と、仙台に残った佐藤さんが一緒にやることに、震災後の分断を乗り越えていく活動の意味を感じた。

　生命論的なパラダイムに基づいて組織的に何か新しいものを始めたいという想いで話し合いが始まったが、当時は事業を意図したチームに、自己組織化の考え方や生命論をどう浸透させていくのかのノウハウが少なかった。組織の創り方や収益化の方向性をめぐって中西さんと平手さんの考えが合わず、分裂の危機に陥った。機械論によって生じる世界の分断を癒すために結成したチームなのに、統合よりも分断が起こっていく矛盾に心が痛んだ。

　前に進めないまま、時間ばかりが過ぎていき、実現可能性が高そうな平手さんのプランを選択して、中西さんを切り捨てて前に進むしかないのか……と思いはじめた。しかし、私の中には割り切れない想いがあり、ストレスで首と肩が凝り、右腕がしびれるようになってきた。

　そんなとき、飛行機で7時間移動する機会があった。機内でプロセス指向心理学の「身体症状と対話するというワーク」をやることにした。右腕のしびれに意識を向けると、右腕に蛇が巻き付いているイメージが浮かんできて、その蛇の顔が中西さんになった。私は、その中西さんの顔と6時間、対話を続けた。はじめは、切り捨てなくてはいけない理由を並べ立てて中西さんを説得しようとしていた。しかし、4時間ほどたったとき、ふっと、自分の言葉が、しらじらしく聞こえはじめた。自分がやりたくないことを、自分自身に納得させようとしていたのだと気づいた。チームの状況を合理的に考えれば中西さんを切り捨てるのが正解かもしれないが、合理性と心と、どちらを優先する組織をつくりたいのだろうかと考えたら、答えが出た。

活動の意図が固まり、任意団体「与贈工房」がスタートした。場の研究所の清水博さんの「いのちの与贈循環」という考え方に影響を受け、個人のいのちと組織のいのちとの二重生命状態を自覚し、いのちのはたらきが大事にされるような活動を、世界に広げていきたいという願いを込めた。ただ、この時点では知らなかったのだが、「与贈」は、清水さんが人生をかけて探究している概念であり、清水さんの造語だった。その言葉を私たちの団体名に使用するのは適切でないと判断し、2020年に名前をトオラス（TORus）にした。

　生命論的世界観へのパラダイムシフトを目指す活動の第1弾として、「自己組織化コミュニティのつくり方」というオンライン講座を開催した。それまで、オンライン講座の運営統括を何度も担当してきたが、コンテンツをつくるのは初めてだった。人生の転機で最初につくるコンテンツなのだから、小細工せずにど真ん中に剛速球を投げ込みたいと思った。私にとってのど真ん中は、「自己組織化」だった。

　これまでの人生を棚卸しするような気持ちで、自己組織化に関する動画を16本（1本あたり約20分）作成した。2週間を1タームとして4本の動画を公開し、参加者は、動画を見て感じたことをZoomに集まって対話するという構成だった。各タームの構成は以下の通りである。

　　ターム1「自己組織化の哲学」

　　ターム2「複雑性と全体性」

　　ターム3「自然の摂理」

　　ターム4「共同創造の世界」

「自己組織化」という一般的ではないテーマを扱う講座に対して、予想外に100名を超える参加者が集まり、毎日、ひたすらZoomで対話し続けるという日々がスタートした。講座というよりも、オンラインで自己組織化が起こるかどうかの実験だった。8週間の中で、次のような起承転結のドラマが展開した。

　　起：先頭を切りたい人が動き出す。

　　承：活性化した人としていない人との格差を埋めたい人が動き出す。

　　転：動けていなかった人が、正直な気持ちを吐露し、場が転換する。

　　結：このままでは終われないと思った人が動き出す。

　Facebookグループ、メッセンジャー、Zoomで、大量のコミュニケーションが行なわれ、対立、紛争、調停、混乱、気づきなどの連鎖が起こった。オンラインでも集合的無意識の元型が立ち現われるようなグループダイナミクスが発動した。

　また、場のプロセスの中で、各自に役割が振られてきて、参加者が、自分が関わっている意味を見出せるようになり、活動のエネルギーが湧き出す様子も見られた。場に起こる即興ドラマによって各自の活動のエネルギーが引き出され、その活動によって即興ドラマがさらに展開し、エネルギーがさらに増幅され循環していった。

　この共通体験を通して、参加者同士は深く知り合い、友達になった。この講座を通してつながった人たちの一部が、与贈工房へ参加してきた。講座で体験したことを、社会実装しようという実験が始まった。

コミュニティの自己組織化をテーマにした講座作成に取り組んだ結果、「反転授業の研究」の活動で直感した物質と生命体の自己組織化の違いを明確に言語化できるようになった。物質が顕在的な3次元空間において断片化されていて、ニュートン力学的な因果関係に従うのに対して、生命体は顕在的で断片化された側面と、潜在的でトランスパーソナルな側面の二重性をもち、それらを行き来する。

　潜在的な側面が顕在的な側面に溢れ出すことで、因果関係を超えた主体性や創造性が現われるのだ。

　下部を加熱した液体に生じる対流構造のような物質の自己組織化では、外部の温度を調整することによって、再現可能な形で対流構造を制御できる。そこには、主体性や創造性は存在せず、因果関係に従って液体分子が自己組織化するのである。それに対して、生命体は、集合的無意識で相互につながり合い、潜在領域にある源泉から湧き上がる衝動を感じとりながら、主体的、創造的に自己組織化するのである。それは、外部から制御することはできない。ここが、両者を区別する本質的な違いである。

表2.6.1　物質の自己組織化と生命体の自己組織化の違い

種類	世界構成	特徴
物質の自己組織化	因果関係に従う3次元世界	外部から制御された因果関係による自己組織化
生命体の自己組織化	顕在的な3次元世界と潜在的な高次元世界との多重世界	外部から制御できない、潜在領域の源泉から生じる主体的・創造的自己組織化

　生命論的世界観では、生命体を「個体として断片化してい

る自我」と、「集合的無意識でつながって世界とつながって
いる自己」という二重生命状態にあると捉え、外部から制御
できないものだと考える。

　それに対して、機械論的世界観では、「個体として断片化
している自我」だけを個として取り出し、フォアグラ型教育
と「外発エンジン」によって因果関係に従わせ、外部から制
御できると考える。これは、生命を物質化する行為である。
集合的無意識とのつながりを切り離された個が「外発エンジ
ン」によって、外部から制御されて組織化されるのは、自己
組織化（self-organization）ではなく、自我組織化（ego-
organization）とでも言うべきものだろう。

　集合的無意識から湧き出してくる内的衝動のエネルギーを
遮断し、生命体を交換可能な部品として扱うことは、生命体
の可能性を制限し、物質化して貶める行為である。これが機
械論的世界観の暴力性の正体であり、近代社会が抱え込んだ
問題の根源だろう。

図2.6.1　自己組織化と自我組織化

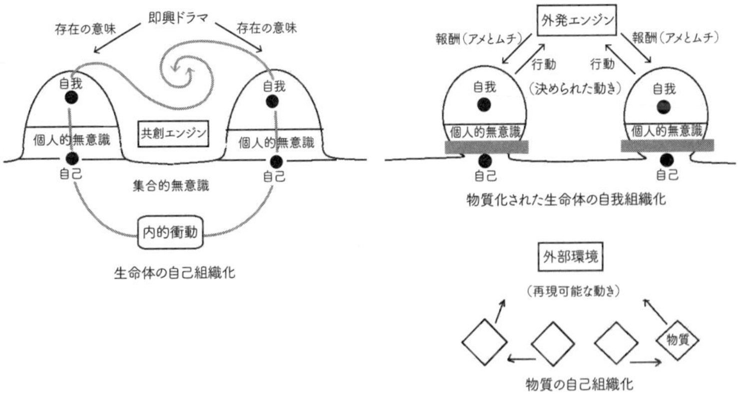

お金や地位といった対価を燃料とする「外発エンジン」に対して、潜在領域にある源泉から湧き出す衝動から生まれる活動を「共創エンジン」と呼ぶとき、私が目指すパラダイムシフトは、学びや、組織や、社会を動かしているエンジンを「外発エンジン」から「共創エンジン」へと乗せ換え、生命体の可能性が十全に活用されるようにすることである（共創エンジンについては、第3章で改めて扱う）。

　与贈工房は、「共創エンジン」による学びや組織のプロトタイプを世界に広めることで、生命体が本来の二重生命状態を取り戻し、「すべてのいのちが大切にされる社会」が実現するというビジョンを描いた。

　「共創エンジン」を組織に実装するために考えたのが、次のような仕組みだった。

図2.6.2　自主経営するプロジェクトチームからなる組織

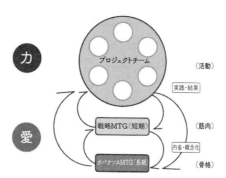

　経営計画に従うのではなく、プロジェクトチームが自主運営を行なう。短期の振り返りである戦略ミーティングでは、

事例を共有して学び合い、次の一歩を見出しやすくする。長期の振り返りであるガバナンスミーティングでは、各チームが協力しやすいような仕組みや、収益分配の仕組みなどについて検討する。これは、見方を変えれば、組織全体で、実験—結果—省察—概念化という経験学習サイクルを回し、集合的な学習を進めていくことでもあった。

プロジェクトチームが多様性を生み出す「力」を担い、戦略ミーティングやガバナンスミーティングがつながりを生み出す「愛」を担い、与贈工房という組織は、力と愛とを行き来しながら、ダイバーシティ＆インクルージョンを実現し、共創エンジンを動力として活動を進めていくことを目指した。

生命的な活動である与贈工房を、現在の資本主義社会の中で展開するためには、機械論的世界観と生命論的世界観とを結ぶインターフェースが必要になる。そのために、「自己組織化する株式会社」を設立し、資本主義世界に向けての「お面」として、プロジェクトチーム全体で共通で活用することにした。

図2.6.3 パラダイム間に設置したインターフェース（お面）

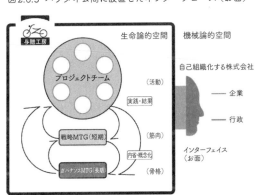

実際に活動を始めると、うまくいかないことも多く、3ヵ月くらいの周期で、やり方をどんどん変えていった。段取りを組んで計画的、効率的に仕組みをつくることと、流動的で創発的に価値を創造することとのバランスの中で、さまざまなゆらぎが発生した。そのゆらぎは、外部の企業と仕事をするケースが増えるに従い、大きくなってきた。

　スタート時は、流動的で創発的な活動に重心が寄っていたが、ノウハウが蓄積されるにつれて仕組化が進み、実状と組織のイメージとが食い違うようになってきた。前述のように与贈工房という名称を変える必要性を感じていたこともあり、2020年に組織改変し、トオラス（TORus）と改名した。

図2.6.4 トーラス型の組織イメージ

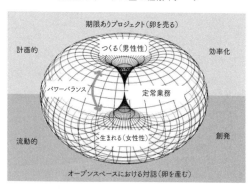

Toral トーラス上に
Online オンラインで
Reconnect us つながりを取り戻す

　新しい組織のコンセプトは、流動的で創発的なプロジェクトと、計画的で効率的な仕組みとを対等に調和させることをイメージしたものだった。さまざまな対極のどちらかを選ぶのではなく、それらを行き来しながら統合することで、個々がありのままの自分とのつながりを取り戻していくことを目指した。

　このようにして、新しく再スタートをきったトオラスに、コロナ・パンデミックの波が押し寄せた。組織内の葛藤が大きくなった結果、まえがきで述べたように、私は、トオラスから離れて個人になった。

コロナ状況で起こったこと

個人史における参加型社会の出現

　災害は、人々から未来を奪う。直前まで思い描いていた未来を思い描けなくなる。しかし、それは、過去から未来へ一直線に敷かれたレールが向かう先を改めて問い直し、自分たちで未来を自覚的に創造するチャンスでもある。

　確定した未来が見えなくなるカオスな状況は、あらゆる可能性に開かれているともいえる。カオスには世界をサーチする力があるのだから。

　社会変革ファシリテータは、災害地に赴き、未来が見えなくなった人たちの声に耳を傾ける。真摯に耳を傾ける人がいると、深いところからの真実の声が引き出される。ボブさんは、真実には3つのレベルがあるという。すぐに口から出てくる浅い真実。少し考えないと出てこない、より深い真実。さらにもっと深いところにある真実。

　3つ目の真実は、まだ準備ができていないと感じられ、言うのが憚られる気持ちになるのが特徴なのだそうだ。深い真実は、その人に使命を与える。本質的な活動がスタートし、新しい未来が出現する。災害で失われたものは戻らないが、それがあったからこそ出現した本質的な生き方によって未来が創られ、新しい物語を生きるようになり、癒しのプロセスが進んでいく。

　コロナ・パンデミック直前の2019年10月、私は、ボブさんがファシリテータを務める「福島ラーニングジャーニー」

に参加した。前夜のプレイベントで、「何があなたをここに連れてきたのか？」という問いが、ボブさんから参加者へ投げかけられた。

はじめに自分の口から出てきた言葉は、これまで何度も口にしたものだった。浅い真実だと感じた。翌朝、同じ問いについて小グループで話したが、まだ、充分な深さではないように感じた。サークル全体で共有する時間になったとき、ある言葉が思い浮かんだ。それを言うのは憚られたし、まだ自分には、その言葉を言う資格がないような気がした。しかし同時に、言わねばならないような気持ちもあった。心臓がドクドクするのを感じながら口に出した。

「本物のファシリテータになるために来た。」

その言葉を口に出した瞬間、背中に電気が走り、胸が苦しくなって息ができなくなった。私は、その場にうずくまり、場は静まり返った。自分の身体と場に起こった反応を通して、これが、私の深い真実なのだということを知った。真摯に耳を傾ける人がいることで、私の深い真実が引き出されたのだと思う。深い真実と出会い、私の未来が出現した。

2020年、コロナ・パンデミックという地球規模の災害が、世界の動きを止めた。因果関係のレールを走っていた資本主義という暴走列車が停止し、レールの先の未来が見えなくなった。列車にとどまって出発を待つ人もいるが、列車を降りて自分の足で歩きはじめる人もいる。自分の足で歩くことを選択した人が頼りにするのは、自分の内側から出てくる深い真実だ。それは、真摯に耳を傾ける人がいることで出現する。

だから、お互いに真摯に耳を傾け合うことが大事だ。外出が制限された状況の中、多くの会話がZoomでなされた。真摯に耳を傾け合うオンライン上のコミュニケーションの中で、多くの「深い真実」が語られたはずだ。そこから、アフターコロナの未来が出現していくだろう。

第3章では、私の周りで出現した未来を報告する。

3.1. 地球全体でロックダウン

2020年3月、私の住んでいるマレーシアはロックダウンに入った。道路のあちこちに検問が敷かれ、警察と軍隊が身分証明書をチェックしていた。州をまたぐ移動は禁止され、車には1人しか乗ってはいけなかった。散歩やジョギングも禁止された。ジョギングしていた外国人が逮捕された。

外出を自粛するようにと総理が呼びかける日本のニュースとは、だいぶ温度差があった。私は、ロックダウンの基準が緩和されるまでの2ヵ月間、一度も自宅のドアから出ずに過ごした。

ロックダウン前は、早朝の涼しい時間帯に家の周りを散歩し、昼に近所のインド料理屋で昼食を食べていた。それ以外は、自宅で原稿を書き、Zoomでミーティング、イベント、講座などをしていた。散歩と外食ができなくなった以外は、ロックダウン中も生活は変わらなかった。そのとき、自分は9年前からマレーシアで、ロックダウンしていたのだと気づいた。活動がオンラインに制約される状況の中、9年間で生み出してきたさまざまな工夫が、今こそ活用されるときがき

たのだと感じた。

　やるべきことがあると思った。「反転授業の研究」の仲間たちが、教育のオンライン化のサポートに奔走している姿が目に入った。コロナ状況で初めてオンラインに取り組むことになった人へ向けて、「リアルの代替ではないオンラインの価値」について、noteに連載を始めた。

　リアルを中心にして生きてきた人にとっては、オンラインは「リアルの劣化版」に見える。リアルを基準にして、オンラインでは実現できないところに目を向けるのだ。

　「オンラインだと、身体全体が見えないからその人の空気感が分かりらない」「オンラインだと、目線がどこを向いているのかが分からない」「オンラインだと、情報のやり取りはできても信頼関係はつくれない」など、たくさんの「オンラインだと……」という言葉を聞いた。

　リアルでできることの中に、オンラインでできることが含まれているようなイメージを描いているように感じた。

図3.1.1　リアルを基準にする人のオンラインのイメージ

しかし、9年前から、ロックダウン生活を続けて、オンライン中心の生活をしてきた私からすると、オンラインだからこそできることがたくさんあり、ときには、リアルの方が、かえって制約が大きいとさえ感じることもあった。

「リアルだと、移動時間が無駄になる」「リアルだと、地理的に呼べる人が限られる」「リアルだと、録画できないから欠席者へのシェアが面倒」

「オンラインだからこそできる新しい価値」をずっと追求してきたので、それらをすべて活用できないリアルのイベントや授業は、不便だなと感じたりする。私の脳内イメージは、次の図のようになる。

図3.1.2 リアルとオンラインのそれぞれができること

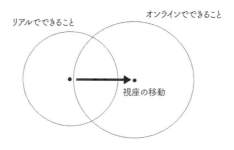

日進月歩でテクノロジーが発展している現在において、オンラインでできることは、急激に拡張し続けている。この傾向は、今後も続くだろう。つまり、コロナ状況で図3.1.2の左側の円が縮小していくのに対して、右側の円は急激に大きくなり続けているのだ。

　オンラインでの可能性を追求しているうちに、ある時点で、リアルの円の中心からオンラインの円の中心へと視座が移動し、オンライン側からリアルを見るようになった。このような視座の移動が、コロナ状況で多くの人に、すでに起こっているのではないだろうか。

　視座の移動を体験した人は、リアルとオンラインの双方の強みを最適に組み合わせたハイブリッドのコミュニケーションを追い求めるようになる。教育にしろ、ビジネスにしろ、あらゆる活動はコミュニケーションの在り方が変化すると最適解が変わってくる。学びを、組織を、社会を、つくり直すチャンスの到来である。

3.2. 教育のオンライン化

　学校教育や人材育成がオンライン化するというのは、教室や研修ルームでやっていたことを、単純にオンラインに置き換えるということではない。生徒や従業員を管理して動かす「外発エンジン」が作動するための条件が、オンライン化によって成り立たなくなり、「共創エンジン」への移行が加速するのだ。その理由について、私の個人的な仮説を交えながら説明しよう。

　「外発エンジン」が作動するためには、3つの条件が揃う必要がある。私は、その3つの条件を、檻、餌、蓋と呼ぶことにする。

　　檻：管理者は、外部の複雑な環境から切り離し、相手を
　　　　単純で管理された空間の中に閉じ込める。

餌：管理者は、管理された空間の中で、アメとムチによって相手に方向付けを行なう。

蓋：管理される人は、報酬を得るために、設定されたゲームを行なう。ゲームに勝つために魂に蓋をし、自分の深い真実の声が聞こえなくなる（魂が植民地化された状態になる）。

このメカニズムを、ユングの心の構造（図3.2.1）をもとに考えると分かりやすい。人間は、本来、環境の中に多様な可能性を見出す能力をもっているが、檻に閉じ込めることでその能力の発動が抑えられる。

図3.2.1 ユングの心の構造におけるコンプレックスと元型

例えば、独房に閉じ込められた人にとっては、食事を運んでくる看守の機嫌が、自分の日常を左右する死活問題になる。看守の機嫌を損ねれば食事がなくなり、従順であれば食事がもらえるという環境にさらされて服従する。受け入れがたい状況の中で生きるために、従順になっている自分に対する自己嫌悪が発生する。自己嫌悪の感情を切り離すと、個人的無意識領域に「痛みの核」のようなものができる。そうなると「痛みの核」に触れないように心の動きが影響され、「従順なの

ではなく、看守のことが好きだから自分の意志でやっている
のだ」というような自己正当化の物語が生まれる。

　魂の伸びやかな活動は蓋をされ、看守の権力に従順になる
ように行動が条件づけられる。蓋によって魂とのつながりを
閉ざされると、世界とのつながりから湧き上がってくる内的
衝動が活用できなくなり、「外発エンジン」によって外部か
ら支配されやすくなる。

図3.2.2　檻と蓋と餌によって断片化された個

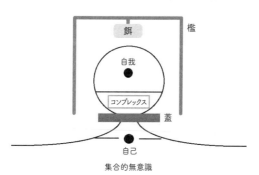

　学校という閉ざされた空間で行なわれる、大学ランキン
グや就職ランキングを餌にした受験競争というゲーム。職場
という閉ざされた空間で行なわれる、金銭的な報酬や社会的
ポジションを餌にした出世競争というゲーム。これらは檻の
中で条件づけて「外発エンジン」によって社会システムを作
動させていくメカニズムである。

　自分の深い真実に耳を傾けるために立ち止まれば、ライバル
に後れをとり、ゲームの敗者へと転落してしまう。現代社会

の中で生きていくためには、息を止めて加速するベルトコンベアの上を走り続けるしかないと思い込まされる。集合的無意識や自己と切り離されると、孤独と存在の不安を感じやすくなる。この状況に警鐘を鳴らすように、子どもの不登校や、働いている人の鬱が増加している。

しかし、コロナ・パンデミックによって、私たちは、ようやく立ち止まることができたのだ。

コロナ状況下で、多くの子どもたちや大人たちが、いつもと違う行動をし、いつもと違うことを考えただろう。オンライン化して自宅に引きこもったことで、家族とゆっくり話したり、ネットを介して檻の外の人と出会ったりした人もいただろう。檻の外の現実世界に、自分の身体と心で直接触れた人もいたはずだ。

檻の中で設定されたゲームと、檻の外の現実の世界との齟齬を実感すると、以前のように本気でゲームに参加できなくなる。かつては価値があると感じられた報酬に、大きな意味を見出せなくなってしまう。それと連動するように、魂の作動を抑え込んでいた蓋が、カタカタと音をたてはじめ、少しずつ開いてくる。「私たちが、本当に望んでいることは何だろう？」という、私たちの深い真実が少しずつ表に出てくる。

この世界に存在する意味が生まれる活動を一緒にやろうという機運が高まり、「共創エンジン」が回りはじめる。オンライン化をきっかけに、「外発エンジン」から「共創エンジン」への切り替わりが、世界中で同時多発的に起こっていくのだと思う。

3.2.3 共創エンジン

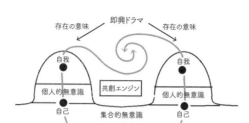

3.2.4 外発エンジン

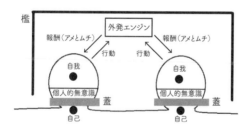

　新しい学校を創る取り組みもあるし、生徒の主体性を尊重したすばらしい授業をしている教師もたくさん知っているが、あえて「学校というシステム」の構造的な問題について書くと次のようになるのではないか。

　学校という外部から遮断された空間の中で、教師は生徒を評価する権力をもち、教室を管理することになる。生徒は教師の視線や声に注意を払い、怒られないように、承認される

ように、自らの行動を規制する。教室という空間は、監視する教師の視線と、それを内面化する生徒という権力関係が作動する舞台装置であり、そこでは従順に振る舞って報酬を受けとる生存戦略が生まれる。しかし一方で、教室の中で権力をもつ教師も、学校という組織の中では管理職の指示に従順であることが求められる。「東大に合格させよ！」といった進学実績ゲームに勝って報酬を得るために、「外発エンジン」を回して生徒に勉強をさせるというシステムの中にいる。

しかし、生徒を檻の中に閉じ込めることができないオンラインでは、そのような舞台装置が成立しにくいのだ。

教壇の上に立った教師が生徒に向けて話しているとき、話すことを許されているのは教師だけ。生徒は私語をせず、姿勢を正して話を聞くことが要求される。このような一方向的なコミュニケーションは、権力関係と結びついている。そこには、「自由の抑制」と「言いつけを守っていることに対する承認」とが同時に存在している。

ところが、教師が生徒に一方向的にオンラインで話すウェビナー（ウェブ・セミナー）では、教師から生徒の様子は見えない。生徒はパソコンの向こう側で自由に振る舞うことができるし、言いつけを守ったところで教師からは見えないので承認も得られない。生徒はウェビナーに対して飽きてしまい、講義の質は劣化する。権力関係が作動する舞台装置の上で維持されていた「一斉講義」は、オンラインになると崩壊するのだ。

知識の伝達は、教育において不可欠な要素である。「教師

が教える」という時間が成立しないのなら、どうしたらよいのだろうか?　それを補う方法は3つある。

　1つ目は、少人数制にすることである。教師1人に対して、生徒3〜4人であれば、オンラインでも教師から見られているという意識が生まれ、対面の授業のような関係性を維持できる。

　2つ目は、聞き手がチャットでやり取りしながら聞く「ニコ生方式」である。教師が生徒に対して頻繁に問いかけ、生徒が活発にチャットに書き込めば、1対多のインタラクティブな講義となる。コミュニケーションが双方向になり、権力関係が弱まることで、生徒の自発性が引き出されやすくなる。

　3つ目は、講義を動画にして、生徒が自主的に視聴する方法である。これは、生徒が自分の理解のペースに合わせて再生速度を変更したり、一時停止したりして聞くことができるのがメリットである。反転授業はこの方法を採用している。

　「ニコ生方式」は、教師中心の講義というフレームワークを維持したまま、オンライン化するものである。私も物理の講義で、この方法を何度も試したことがあり、うまくやれば、それなりに盛り上がる。

　一方で、「反転授業」は、コミュニケーションをできるだけ双方向にして、学び合いを促進し、学習者中心の講義へとフレームワークを転換するものだ。学び合いへ転換すると、「一方向のコミュニケーションの劣化」というオンラインのデメリットが消え、「学習者の多様性を確保しやすい」というメリットが活かされるようになる。つまり、学習者中心に

転換して学び合いを重視すると、オンラインの学びはリアルを超える可能性が生まれる。

コロナ状況におけるオンライン化の動きは、学校や企業に教育の在り方を問い直す機会となった。

2020年の春、多くの企業が集合研修からオンラインへの対応を余儀なくされた。特に、入社直後からリモートワークをすることになった新入社員への影響が大きかった。研修会社や人事部門は、新入社員研修のオンライン化への緊急対応に追われることになった。

新入社員研修の日程は、コロナ以前に確定していて動かせないことが多く、集合研修のプログラムをそのままオンラインで実施するケースが目立った。コロナ前は、朝9時から夕方5時までの実質7時間（昼食を含むと8時間）のプログラムを、5日連続で実施するところが多かった。コロナに直面し、多くの企業が、ZoomやTeamsといったWeb会議室を使って、従来のプログラムをそのままオンラインに移し替えて行なった。対面であれば7時間の研修でも耐えられるが、パソコンの前に7時間座って講師の話を聞き続けるのはきつい。それを5日間続けて受けた新入社員は、相当に苦痛だったことだろう。

その状況を見た研修会社や人事担当者からは、「やっぱりオンラインよりも対面がいいよね」という声が聞かれた。リアルのやり方をオンラインに置き換えた「劣化版のオンライン」だけを体験した人は、コロナ状況が終息すれば、何事もなかったかのように、元のやり方に戻る可能性が高い。

リアルとオンラインとでは、コミュニケーションの特性が

異なる。オンラインだと「一方向コミュニケーションが劣化
する」からだ。しかし、それを考慮して、双方向コミュニケー
ションを中心にして学び合うプログラムをデザインすれば、
リアルの集合研修を超える教育効果を生み出すことができる。
例えば、次のような7時間の集合研修をオンライン化するに
はどうしたら良いだろうか？

表3.2.1 集合研修（6時間）の例

時刻	内容
9:00 ～ 9:10	本社集合／出席確認
9:10 ～ 10:00	工場について（座学）
10:00 ～ 12:00	工場見学
12:00 ～ 13:00	昼食
13:00 ～ 14:30	コミュニケーション研修
14:30 ～ 16:00	先輩社員座談会
16:00 ～ 17:00	各自レポート作成

　前述のように、オンラインだと「一方向のコミュニケーショ
ンは劣化する」ので、座学の部分は動画にする。例として挙
げた研修の場合、「工場について（座学）」と「コミュニケーショ
ン研修」の中の基礎知識の講義は、動画にした方がよい。また、
7時間の内容を1日で行なうのではなく、3時間を2回に分け
る。オンラインだと3時間が限界だ。その代わり、集合コス
トがゼロなので回数を増やせばよい。短時間に区切って回数
を増やすのがオンライン向きのやり方になる。
　ただし、そうなると研修の日数が増える。多くの企業では、
配属前の新入社員を本社や研修施設に集めて短期集中的に新
入社員研修を行なう。短期集中的である理由は、配属先へ散っ

てしまったら本社に集めるコストが高くなるからだ。ただ、オンライン研修であれば、配属先へ散った後でも、交通費ゼロで研修を継続することができる。

　リアルの制約によってつくり出されている慣習の前提を問い直すと、さまざまな可能性が見えてくる。以下に、新人社員研修をオンライン化した研修デザイン例を示す。まずは、1日目（3時間）の研修デザインについて考えてみよう。

表3.2.2　研修のオンライン化案（1日目）

事前課題
●動画「工場について」を視聴し、興味をもった箇所とその理由をLMSの掲示板に書き込む。
●同じグループのメンバーの書き込みに対して、コメントする。

時刻	内容
9:00 〜 9:20	ファシリテータのあいさつ
9:20 〜 9:30	グループチェックイン（ホームグループ）
9:30 〜 10:00	事前動画について気づきの共有（シャッフルグループ）
10:00 〜 10:30	全体共有
10:30 〜 11:00	工場からの中継と質問
11:00 〜 11:30	グループ対話（ホームグループ）
11:30 〜 11:50	全体共有
11:50 〜 12:00	グループチェックアウト（ホームグループ）

　座学の部分は事前動画にして、受講者が自分のペースで視聴する。LMS（Learning Management System）の掲示板に感想を書き込み、相互コメントをすることで、自分だけでは気づくことができなかった視点を得ることができる。LMS上でも学び合いを行なうようにする。

　Zoomでのオンライン研修では、はじめにファシリテータが、1日のスケジュールやゴールなどについて話し、4〜5人の固

定したグループ（ホームグループ）に分けてチェックインする。チェックインとは、その時、自分が感じていること、気にかかっていること、体調などについて話し、対話に向けて自分を整えることを言う。

　新入社員研修の目的の一つは、同期のつながりをつくることである。安心感を醸成するためのホームグループと、つながりを増やすためのシャッフルグループの両方を混ぜながらグループワークを行なう。同じグループになった初対面のメンバーと自己紹介をした後、事前動画を見た気づきについて対話する。その後、全体に戻って対話で気づいたことをチャットに書いたり、全体で話したりする。出てきたことを深い学びに変えるための問いかけをするのが、ファシリテータの役割である。

　その後、ライブ感を出すために、工場から生中継でつなぐ。事前課題やグループワークで出てきたテーマを、工場で実際に働いている人にぶつけ、生の声から学ぶ。それを踏まえて、ファシリテータが、「組織の中で工場の価値が最大化するためにはどうしたらよいか？」など、視座を上げる問いを投げかけ、グループで対話し、全体でも共有する。最後にホームグループに戻り、研修を終えて感じていることをシェアして終了する。

　注目してほしいのは、Zoom に集まっているときは、ほとんどが双方向のコミュニケーションから成り立っていることである。お互いが話したり、聴いたりをバランスよく行なえば、3時間の研修であっても、あまり疲れずに集中することができる。また、双方向コミュニケーションによって、同期

メンバーとの相互理解が深まってくるため、学びと関係性の構築を同時に達成することができる。

続いて2日目の研修デザイン（3時間）についても考えてみよう。

表3.2.3　研修のオンライン化案（2日目）

事前課題
●動画「コミュニケーションの基礎」を視聴し、気づいたことをLMSの掲示板に書き込む。
●先輩社員にZoomで15分インタビューを行ない、動画をLMSにアップする。

時刻	内容
9:00 ～ 9:20	ファシリテーターのコメント
9:20 ～ 9:30	グループチェックイン（ホームグループ）
9:30 ～ 10:00	事前課題を通して学んだことの共有（ホームグループ）
10:00 ～ 10:30	全体共有
10:30 ～ 11:00	インタビューされた先輩社員の気づきのシェア
11:00 ～ 11:30	コミュニケーション術についてのワーク（シャッフルグループ）
11:30 ～ 11:50	全体共有
11:50 ～ 12:00	グループチェックアウト（ホームグループ）

コミュニケーション術についての基本事項は事前課題として動画を視聴してもらうことにして、それを参考に、実際に先輩社員にアポイントメントをとり、インタビューする課題を出す。課題は、コミュニケーション術の実践と、先輩社員との交流とを兼ねる。インタビューをしたことで気づいたこともLMSに書き、ホームグループで相互コメントをする。

他の受講者のインタビュー動画も見ることで、どんな先輩社員がいるのかを知ることができ、会社になじみやすくなる。デイヴィット・コルブの経験学習モデルを中心に据え、試行、経験を個人で行ない、Zoomに集まってグループで省察、概念化をすると、対話を中心にしたオンライン研修をデザイン

しやすい。ここでも、インタビューを各自が行ない、それから得た気づきを振り返って概念化するプロセスをZoomに集まってグループで共有するデザインになっている。

　また、インタビューされた先輩社員からのフィードバックは、受講者にとっての学びになると同時に、先輩社員との人間関係を築いていくきっかけにもなる。

図3.2.5　コルブの経験学習モデル

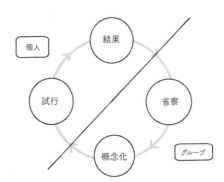

　後半は、コミュニケーション術のワークを行なう。基礎知識は動画で説明済みなので、簡単にやり方を説明して実践に入る。その後、ワークからの気づきを全体で振り返って学びに変える。このように、Zoomに集まったときの活動を、事前課題についての振り返りとワークを中心に組み立てると、オンラインの良さが引き出され、参加しやすいと同時に学習効果が高くなる。

　次の図は、リアル―オンライン、学習者中心―教師中心の2軸でまとめたものだ。

図3.2.6 教育のオンライン化のポジショニングマップ

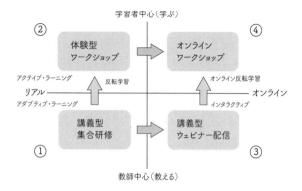

　旧来の集合研修は、教師中心の講義型集合研修（図3.2.6 ①）であり、これを、そのままオンラインに移行したのが、講義型ウェビナー配信（③）である。③は、オンラインだと「一方向でコミュニケーションが劣化する」という影響で、劣化版のオンライン研修になりやすい。学習者中心の体験型ワークショップ（②）をオンライン化したものが、オンラインワークショップ（④）である。

　この際、知識のインプット部分を動画にしたり、ワークショップを3時間以内にして複数回に分けたり、事前課題に実践を課して、振り返りとワークをオンラインで行なうなど、オンラインコミュニケーションをできるだけ双方向的にすることが重要である。

　このようにオンラインの特性を踏まえたうえでデザインされたオンライン研修は、従来の集合研修にはない新しい学びの可能性を生む。コロナ状況下で、一部の研修会社や人事部

の人が④の可能性に気づいた。今後、企業における人材育成
のやり方が大きく転換していく可能性がある。

3.3. 働き方のオンライン化

　檻と餌と蓋の3つの要素によって「外発エンジン」を回し、
トップダウン型の管理マネジメントを行なっていた会社は、
コロナ状況の中でリモートワークを余儀なくされ、組織が機
能不全に陥ったのではないだろうか。

　「外発エンジン」は、上司が監視と承認のまなざしを送る
リアルの場であれば機能しやすいが、そのまなざしが届かな
いリモートワークでは機能しにくくなる。職場という閉ざさ
れた環境の中で仕事に追われて思考停止に陥っていた社員た
ちの中には、在宅ワークになって時間的な余裕ができ、立ち
止まって自分の中の深い真実に耳を傾ける人も現われている
だろう。

　私は複数のオンラインコミュニティに属して、週に数時間、
さまざまな人と対話する機会をもっているが、そこでは、コ
ロナ禍の状況で組織に所属している意味を問い直す人の声を
聴くことが増えている。

　コロナ以前から「共創エンジン」で動いていた組織は、コ
ロナ状況下でも機能停止せずに、オンラインの新しい可能性
を見出している。例えば、複業を含め、多様な働き方を認め、
石垣を組み合わせるようなチームづくりを目指しているサイ
ボウズなどがその例である。

　社員を型にはめて、規格化されたブロックを積み上げるよ

うな組織経営をしている場合は、従業員が多様であることは非効率的であり、管理コストを高めるだけである。また、従業員が「型にはまり続ける」ために、「外発エンジン」を回し続ける必要がある。「外発エンジン」が回りにくくなるオンライン環境では、機能不全に陥っていく。

それとは反対に、社員がありのままの姿を表現し、自分の意志で行動する自律分散型の組織では、社員には多様性が生まれる。それを、学び合いのエネルギーとして活用して集合知を生み出すと、各自の存在の意味が生まれて「共創エンジン」が回りだす。自律分散型でなければ好転しにくいオンライン環境は、**自律分散型養成ギプス**として働く。

コロナ状況下で生き残るためには、自律分散型への転換が必要になる。多様性を確保しやすいオンライン環境下では、リアルでは不可能な規模で「共創エンジン」が回る可能性がある。これは、オンライン化によって生まれる組織の新しい可能性だ。私は、それを「広域・自律分散型集合知マネジメント」と呼びたい。

図3.3.1 働き方のオンライン化のポジショニングマップ

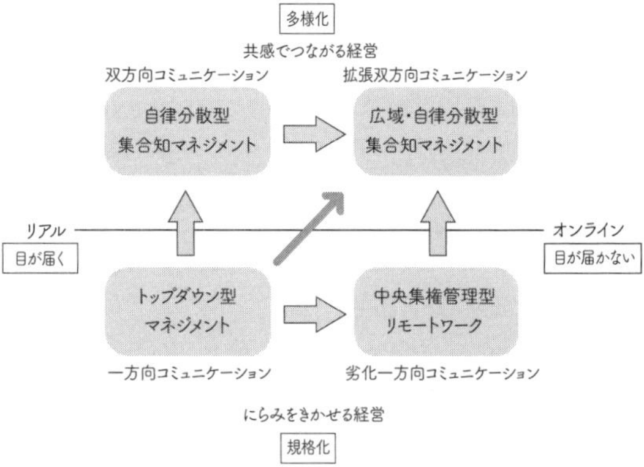

多様化

共感でつながる経営

双方向コミュニケーション　　　　拡張双方向コミュニケーション

自律分散型
集合知マネジメント　→　広域・自律分散型
集合知マネジメント

リアル
目が届く　　　　　　　　　　　　　オンライン
目が届かない

トップダウン型
マネジメント　→　中央集権管理型
リモートワーク

一方向コミュニケーション　　　　劣化一方向コミュニケーション

にらみをきかせる経営

規格化

　仕事上のコミュニケーションがオンライン化する際に、注意が必要な点がある。それは、インフォーマルなコミュニケーションが少なくなりがちだということである。「反転授業の研究式オンライン講座」が、雑談ルームというインフォーマルなコミュニケーションを確保したことで脱落者ゼロを達成したように、信頼関係を育てるコミュニケーションと、仕事を前進させるコミュニケーションは車輪の両輪であり、両方がバランスよく回ることが重要である。

　リアルのコミュニケーションでは、意識せずともインフォーマルなコミュニケーションは発生するが、オンライン化すると、インフォーマルなコミュニケーションがほとんどなくなってしまうことが多い。インフォーマルなコミュニケーションの価値が認識されていないと、それを「無駄」と捉えて効率化してしまうのだ。その結果、時間が経つにつれて信頼関係の貯金を食いつぶして、関係性の悪化が原因のトラブルが頻発するようになる。

　2017年にオンライン組織を結成した私たちは、インフォーマルなコミュニケーションを確保するために、さまざまな工夫をしてきた。1つのZoomアカウントを「鮨屋」と名付けて仲間内で共有し、そのアカウントに入り、Facebookのメッセンジャーに「鮨屋で仕事をしています！」とコメントを投げたりしていた。正式な会議の場ではないおしゃべりがあることで維持される人間関係があった。

　他にも、オンラインで朝食や昼食を一緒に食べたり、飲み会をやったりすることもあった。ミーティングの始まりと終わりにチェックインとチェックアウトの時間をとることも、

関係性を育てるのに役立つ。

　オンラインでのみつながっていて、リアルでは会ったことのない仲間の生活の様子を、チェックインを通して知ることができるし、心身の具合が悪いときは、そこに配慮することもできる。

　私は、1日に3〜4回のオンラインミーティングをする日々を5年以上続けているが、ミーティングが終わった後に疲労を感じる場合と、むしろ元気になっている場合とがある。自分がその場にいる意味がないと感じるミーティングでは疲労を感じるが、対話を通して触発されて、参加しているメンバーや自分からいろんなアイディアが生まれてくるようなミーティングだと、エネルギーが溢れ出して元気になる。後者のミーティングでは、タスクが進むのと同時に、関係性も育っている。

　1週間に20個以上のオンラインミーティングを行なっている私にとって、ミーティングの後で疲労が残るのか、元気になっているのかの違いはとても重要だ。元気に仕事を続けていくためには、エネルギーが湧き出してくるようなコミュニケーションの場に自分を置くことが必須条件である。そのために、まずは私自身の取り組みが大切になるので、自分の深い部分とつながって、開かれた状態でミーティングに臨むことを心掛けている。

　そのように心掛けていると、すべてのミーティングが対話の時間になってくる。1時間ごとにメンバーが交代し、対話を行なっているようなものだ。前の対話で気づいたことを、次の対話で違うメンバーに話したりして、対話がずっと続い

ているように感じる。毎日が、オンライン・ワールド・カフェ
のようだ。そのうちに、日常的に続いている対話的コミュニ
ケーションを通して信頼関係が生まれ、相互理解が進み、プ
ロジェクトが自然発生する。仕事での関係と仕事外の関係と
の区別があいまいになる。

　プロジェクトを一緒にやっているフリーランスのメンバー
が、「一緒の会社で働いているみたいだね」と話したりする。
オンライン化によって組織内外の区別が、どんどんあいまい
になってきている。

3.4.　社会運動のオンライン化

　2019年8月、「いばらき原発県民投票の会」の共同代表の
一人、姜咲知子さんから「活動にオンラインを取り入れるの
を手伝ってほしい」という声がかかり、ぜひ、「自分ごと」と
して関わりたいと返答した。この運動に参加する理由はいく
つもあった。

　1つ目の理由は、姜さんとの縁だ。彼女は、茨城県石岡市
にある「暮らしの実験室やさと農場」で10年以上前から共同
生活を行なっている。この農場は、40年ほど前に、食に問
題意識をもった共同購入の市民団体「たまごの会」が、自分
たちで共同生産を行なうために、資金を出し合い、建物を建
設し、田畑を開墾してつくったものだ。そして、その中心に
いたのが、明峯哲夫さん、明峯敦子さんご夫婦だった。農場
のことは、明峯さんから、よく話を聞いていた。

　姜さんとは、2018年にNPO法人セブン・ジェネレーショ

ンズが主催する社会変革のためのオンラインプログラム「Game Changer Intensive」を通して知り合った。彼女が「暮らしの実験室やさと農場」で暮らしていることを知って驚いた。2019年3月には農場を訪問し、ワークショップを行ない、設立時から脈々と受け継がれている想いの一部に触れることもできた。

2つ目の理由は、原発というテーマだ。2011年までの10年間、私は、茨城県水戸市、福島県いわき市、宮城県仙台市の3ヵ所で仕事をしていた。この3拠点は、海岸沿いを走る常磐線、国道6号線、常磐自動車道で南北に結ばれている。福島県双葉郡大熊町・双葉町にある福島第一原発は、いわき市と仙台市の中間に位置している。福島第一原発の事故は、私の生活圏で起こった出来事であり、原発事故をきっかけに、いわき市と水戸市の仕事場は閉鎖になった。私は、予備校講師を辞めて仙台から離れ、マレーシアに移住した。

2015年に、ボブ・スティルガーさんがファシリテータを務める「福島ラーニングジャーニー」が始まると、毎年、1人分の参加費を寄付するようになり、2019年には、私自身が「福島ラーニングジャーニー」に参加した。

訪問先の1つ、福島県二本松市東和にある菅野正寿さんの農園は、震災後に明峯さんが農産物への放射性セシウムの移行率を測定するために通った場所だった。また、福島原発告訴団の団長の武藤類子さんのお話を、直接、うかがう機会もあった。福島原発刑事訴訟支援団と河合弘之監督映画『日本と原発』のKプロジェクトが制作した短編映画『東電刑事裁判 動かぬ証拠と原発事故』を視聴し、東海第二原発が2009

年に津波対策として護岸工事に着手していたため、間一髪、大事故になるのを免れたことを知った。

私は、「福島ラーニングジャーニー」の後、現地のコーディネータの本田紀生さん、ジャーニーの参加者の山口千咲さん、西野靖江さんとともに「福島とつながり続ける継続対話」というオンライン対話会を、毎月開催するようになった。また、放射性廃棄物の最終処分をめぐる対話をホールドするためのオンラインファシリテータ育成にも関わってきた。原発の問題は、今や、私の人生に深く入り込んでいるのだ。

3つ目の理由は、茨城県は私の故郷であることだ。私は、東海第二原発から10km圏内の日立市で生まれ育った。東海第二原発関連の仕事に就いている同級生もいる。私は、マレーシア在住の日本人として遠くから関わるのではなく、私の故郷で起こった、私の人生を大きく変えた原発に関わる社会運動に、「自分ごと」として参加したいという気持ちだった。

原発再稼働をめぐる県民投票を求める活動スケジュールは、2020年2月から始まったコロナウィルスの感染拡大によって、大きく制限されることになった。

「いばらき原発県民投票の会」は、「話そう 選ぼう いばらきの未来」というキャッチフレーズに表現されているように、単純に投票することだけを目標とせず、そこに至る、みんなが考え、話し合う過程を重視した。

具体的には「県民投票カフェ」というお互いに意見を述べ、聞き合う場を積極的に開催した。2019年4月に始まり、茨城県内の44市町村のうち41市町村で、計75回カフェを開催し、

1,240名以上が参加した。さらに、「県民投票フェス」というイベントを9回実施した。

　私がオンラインで応援しはじめた2019年8月は、「県民投票カフェ」が各地で開かれ、「県民投票フェス」が2回実施されたタイミングだった。「いばらき原発県民投票の会」にオンラインイベントの運営ノウハウを提供することになり、その年の12月1日に実施された3回目のフェス「県民投票フェス vol.3　12時間ぶっ通しで生配信」も、オンラインで実施した。

　2020年1月6日に署名活動が始まったが、2ヵ月も経たないうちにコロナウィルス感染拡大によって活動が制限されることになった。2月20日に「いばらき原発県民投票の会」は、署名収集活動における新型コロナウィルス感染予防指針を出し、感染対策を行ないながら署名活動を継続した。オンライン化で生まれたメリットは、各地で行なわれていた会議が省力化できたことや、メディアのない茨城で、活動をリアルタイムで配信できたことだった。また、静岡県や沖縄県で県民投票に関わった方たちが参加し、経験者ならではの声をシェアしてくれたりもした。

　活動資金を集めるため、「茨城県初県民投票を実現したい！話そう　選ぼう　いばらきの未来」というテーマで活動費を集めるクラウドファンディングを行ない、支援者257人から2,472,000円を集めた。クラウドファンディングの最終日である2020年3月8日に、「オンライン県民投票フェス　Vol.6 その先へ」を行なった。

　コロナ状況の悪条件の中、法定必要数48,601筆の1.78倍

に相当する86,703筆が集まり、2020年5月25日に、条例制定の本請求を行なうことができた。6月8日には県議会で、「いばらき原発県民投票の会」共同代表の徳田太郎さんが、意見陳述を行なった。私は、インターネット配信で固唾を飲んで見守っていた。

徳田さんは、審議するのは原発再稼動の是非ではなく、「東海第二発電所の再稼働に関し、県としての判断を行なうに先立って、主権者である県民の声を聞く手段として、県民投票を行なうか否か、行なうとしたら、どのように実施するのか」という、政策決定の過程を問う議案であることだと確認した後、次の3つの論点について説明した。

　　論点1. 県民投票と二元的代表制との関係について
　　論点2. 投票前の情報提供と冷静な議論の実現について
　　論点3. 県民投票の実現に要する費用について

意見陳述の全文は、インターネット上で読むことができる。過去に行なわれた県民投票に対する議論を踏まえ、練りに練られた意見陳述だった。

徳田さんの意見陳述を受けて、県議会議員が県民投票の実施に対する賛否を検討するわけだが、6月13日の毎日新聞の記事に私はショックを受けた。それは次のようなものだった。

　　県議会のほぼ7割の議席を有するいばらき自民党は18日朝に態度を決める見通しで、23日の本会議採決前に、事実上、条例案の成否が決まる。

つまり、多数を占める政党内の「見えない議論」によって決定し、それ以降の委員会や県議会での議論は、条例案の成否に関係しないのだ。

5日後の6月18日、防災環境産業委員会・総務企画委員会連合審査会で条例案が審議された。徳田太郎さん、姜咲知子さん、鵜沢恵一さんの3人の共同代表が「参考人質疑」に参考人として参加した。質疑応答の直後に採決が行なわれ、条例案は否決された。その様子もインターネット配信され、私は、一部始終を見ることができた。党議拘束で事前に採決を決めている議員たちによる質疑応答の虚しさを感じた。

　さらに5日後の6月23日の県議会本会議で条例案が審議され、賛成5、反対53で否決された。その様子もインターネット配信され、一部始終を視聴した。インターネット配信によって、委員会や議会の議論を視聴することができたが、採決が確定したのは、現実的には「いばらき自民党」内部の議論であり、その内容は公開されなかった。

　2年以上かけて、86,703筆の署名を集めて提出された条例案が、密室内の議論で決定されるという政治システムの矛盾に気づくことができたのは、「自分ごと」として関わったからだった。

　7月5日、水戸市のザ・ヒロサワ・シティ会館およびオンラインにて「県民投票フェスvol.9　6月議会を振り返る」を開催した。会場には約140名、オンラインのZoom会議室へは約50名が参加し、YouTubeおよびFacebookライブでの配信を、約760名が視聴した。私はオンラインから参加した。

　マレーシア在住で茨城の社会運動に「自分ごと」として参加できたことは、とても貴重な経験だった。深くかかわったからこその学びがたくさんあり、政治システムをどのように

変え得るのかを考えるきっかけとなった。政治を参加型に変えるための私の提案は、第5章で述べることにする。

　結局のところ、社会運動のオンライン化で生まれた可能性とは何だったのだろうか？　私は、次の3点が挙げられると思う。

1) 運動母体のミーティングがオンライン化した。

　　コロナ状況下であったが、県内のメンバーによるミーティングの負荷が下がったと同時に、県外、海外の支援者がミーティングに参加できるようになり、活用できるリソースが増えた。

2) 動画配信やオンラインフェスの活用。

　　県民投票についての理解活動を行なう際に、YouTubeを使った動画配信や、Zoomによるオンラインフェスが有効だった。オンラインフェスには、他地域の県民投票経験者や専門家も参加し、体験がシェアされると同時に関係性が育まれた。お金をかけずにメディア発信ができた。また、県民投票という地域の社会活動に県外や海外から応援する「関わりしろ」ができた。

3) 遠隔地から当事者の学びが可能に。

　　地域の社会活動は、当事者として関わってこそ、さまざまな現実から学ぶことができる。遠隔地から当事者意識をもって支援した人たちが、県民投票の現実から多くを学ぶことができた。この学びは、他の地域の社会活動へと引き継がれていくだろう。

3.5.　『参加型社会宣言』オンライン読書会とYAMI大学

　2020年の夏、オンライン対話のファシリテータ育成プログラムのプロジェクトが暗礁に乗り上げ、一緒にプロジェクトを進めていた作家の田口ランディさん、プロセスワークセンターの佐野浩子さんと今後のことを相談していた。

　あるとき、田口さんがミーティングに橘川幸夫さんを呼んできた。まえがきで書いたように、橘川さんは1970年代から『ロッキング・オン』『ポンプ』などの参加型雑誌を開発し、その後も「参加型社会一筋50年」できた人だ。田口さんと橘川さんは旧い知り合いで、田口さんは、行く末が見えなくなったときには、橘川さんに相談することにしているのだという。私は、田口さんからの紹介で、2019年に橘川さんのことを知り、橘川さんの私塾「リアルテキスト塾」にオンライン参加させてもらっていた。

　橘川さんは、「活動というのは楕円形なんだ。楕円の2つの焦点は、学校と社会だ」と言った。私は、活動を2極をもつトーラス構造で捉えていたので、橘川さんの楕円モデルがとてもしっくり来た。橘川さんは、「学校には、入学と卒業がある。卒業したら、社会で新しい仲間と出会う。それを行き来して止揚したら個人になるんだ」と続けた。そのときには完全には理解できなかったが、とても大切な視点を伝えてくれていると感じた。

　数日後、橘川さんが綴っている自由詩である「深呼吸する言葉」の1つが目に入った。

　学生時代は友達をつくれ。社会に出たら仲間をつくれ。自分がやるべきことが見えたら個人になれ。

　組織を離れて個人になって、自分の道を進む時期がきたと感じていた私に、橘川さんの言葉が響いた。橘川さんの著書『参加型社会宣言』がちょうど出版されたので、この本でオンライン読書会を企画することにした。ただの読書会ではない。私がオンラインコミュニティの自己組織化に取り組む中で編み出してきた方法論と橘川さんの参加型の方法論とを融合させた新しいオンライン読書会の実験を、橘川さんにぶつけてみようと思ったのだ。

　Facebookで読書会の希望者を募ったところ、250名ほどが集まり、読書会がスタートした。私が考えた「いきあたりばっちりオンライン読書会」とは、次のようなものだ。

1) 読書会専用のZoomのアカウントを用意し、定期ミーティングのURLとホストキーをグループで共有する。これにより、誰もがZoomミーティングを主催し、録画することができる。

2) 読書会の基本の型は、橘川さんが考案した「未来フェス」のやり方に倣い、1人5分ずつ、本を読んだ感想を述べ合った後、対話する方法をとる。1回の読書会は1時間程度とする。

3) 読書会の主催者は、グループに日程を告知し、Googleシートに必要事項を書き込む。読書会終了後は、YouTubeに録画を限定公開でアップし、URLをGoogleシートに記入する。

キックオフイベントでは、読書会のやり方を説明し、スペシャルゲストとして著者の橘川さんに挨拶をしてもらってテンションを高めた。その後、練習を兼ねて1時間の読書会を行なった。それからは、ほとんど毎日、誰かが読書会を主催するようになった。「その時間は都合が合いません！　すみません！」という人には「都合がよい日時に自分で主催してくださいね！」と返していった。

　初めは基本型の読書会が中心だったが、各自がアレンジを加えはじめ、章別に話し合う対話会や、その場で分担して読むアクティブ・ブック・ダイアログも行なわれた。「1970年代研究会」のような時代別研究会や、橘川さんが創刊した投稿雑誌『ポンプ』の読者から学ぶ会も開かれた。

　主催者が「やるべきこと」を決めないから、参加者が自分で考えて動くことができるスペースが生まれる。自由に動くから場にドラマが生まれ、そのドラマによって別の人の行動が引き出されてくる。毎回、誰が来るか分からないからこそ、出会いに意味があると感じられる。

　結局、1ヵ月間で40回の読書会が開かれ、友達がたくさんできた。橘川さんは、「この雰囲気は、『ポンプ』を創刊したときと同じだ。『ポンプ』にはハガキが投稿されてきたが、Zoomには、人間が投稿されてくる」と言いはじめた。

　生きている間に参加型社会が到来する可能性が、コロナの影響で見えてきたということで、橘川さんから「この際、田原君に遺産相続するよ」と言われ、私は受けとる覚悟を決めた。自分にそれを受けとれるだけの器があるのかどうかは分からなかったが、自分が探究している同じ道を歩んできた橘

川さんと、このタイミングで出会うことができ、一緒に活動しながら学ぶことができるのは幸せなことだと感じた。

田口さん、佐野さん、橘川さんと私の4人でのミーティングは、読書会の間も週に1回のペースで継続していた。あるとき、橘川さんが、「ランディ、なんでもありの大学をつくれよ。ランディが学長だ。コロナの状況は、戦後と同じだ。カオスの闇から、次の時代を担う新しいものが生まれるんだ」と言いはじめた。

話し合いの結果、その大学の名前は、「YAMI大学」と決まった。YAMI大学は、教える人と教わる人とが直接つながる私塾ネットワークだ。各講師が自己責任で講座を運営し、ゆるくつながって、無理のない範囲で協力する。そこには、1対多ではなく、1対1でつながるのが基本だという参加型社会の考え方が反映している。講師と受講生も1対1のつながりだ。こうして、管理部門のないアナキズムの大学であるYAMI大学がスタートした。

橘川さんは「深呼吸学部」、田口さんは「シャーマニズム学部」、佐野さんは「感じる学部」、私は「よろめき歩き学部」を設立した。その後、学部が12個まで増えた。

次世代コミュニティ生成運動
参加型社会の概念モデル

第4章では、活動のエンジンを「外発エンジン」から「共創エンジン」に乗せ換えるための具体的な方法を考える。

生命論的世界観では、人間は、「ロゴス的知性」を働かせ、因果関係を見出す自我と、「レンマ的知性」を働かせて潜在的なところから未来を出現させる自己、という2つの極をもつと捉える。そして、どちらか一方に偏るのではなく、真ん中に静止してバランスをとるのでもなく、ダイナミックに往復して運動することで、個と場との間に循環を起こしていく。つまり、「共創エンジン」を回していくことを目指す。

図4.0.1 外発エンジンと共創エンジン

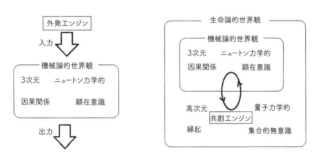

4.1. 学び3.0

学びのエンジンを「外発エンジン」から「共創エンジン」へと乗せ換えるための手がかりとして、さとのば大学代表の信

岡良亮さんが提唱する「学び3.0」という考え方を用いる。

　信岡さんは、学び3.0を次のように定義する。

　　学び1.0：秩序領域での学び（今ある秩序を再構築するために必要な学び）

　　学び2.0：カオス領域での学び（個々人がそれぞれのベクトルに向かって自由になるための学び）

　　学び3.0：秩序とカオスとが混ざり合ったカオスの縁での学び（仲間とともに新しいリバティを創造するための学び）

　機械論的世界観では、枠組みが固定されて正解が定まっているため、その正解を効率よく習得する学びへと最適化される。そのため、学び1.0が中心になる。学び1.0では、学習者の多様な個性が無視されやすいため、学び1.0のアンチテーゼとして個性を重視した多様な学びである学び2.0が試みられる。これは、しばしば混乱を招きカオス的な状況になる。学び1.0と学び2.0とを対立させるのでもなく、バランスさせるのでもなく、両極をよろめき歩いて動的に統合するのが、私の考える学び3.0である。

　学び3.0という考え方を、より明確にするために、工場フェーズ、工房フェーズ、変容フェーズという概念を導入する。

　働き方研究家の西村佳哲さんは、著作『かかわり方のまなび方』の中で、ワークショップ（工房）とファクトリー（工場）を対比させて言及している。プロジェクトや仕事を進めるにあたり、100の時間で100の成果に到達したいとすると、最初の20の時間で80の成果に到達し、残りの80の時間で80から100まで洗練させていくことが多いという。

最初の20の時間では創造性が問われ、残りの80の時間では生産性が問われるというように、20：80のところで、質的な変化が生まれる。西村さんは、前者のフェーズをワークショップ（工房）、後者のフェーズをファクトリー（工場）と呼ぶ。

図4.1.1　作業工程での質的変化

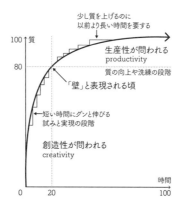

『かかわり方のまなび方』p212 より

　私は、西村さんの考えを、工場フェーズが極まった後のプロセスまで拡張し、サイクルとして捉えたいと思う。最適化し尽くしたプロセスは、永久に最適化されたままではなく、社会の変化によって前提条件が変わって機能不全化する。そのときは、最適化するために設定していた枠組みを問い直して、新たな枠組みを置き直す必要がある。

　私は、このフェーズを「変容フェーズ」と名付け、プロセス全体を、工房―工場―変容の3つのフェーズがめぐるサイクルとして捉えることにし、「共存在サイクル」と呼ぶことにする。

図4.1.2 共存在サイクル

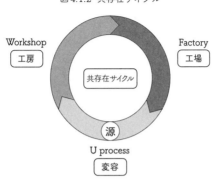

変容フェーズでは、レンマ的知性を働かせて、個人、コミュニティ、社会の源（ソース）とつながって、カオスの中から未来を出現させる。新しいものが生まれたら、工房フェーズに移り、枠組みと指標を探しながら試行錯誤する。枠組みと指標が定まったら、工場フェーズに移り改善して質を高めていく。

このように捉えると、3つのフェーズは時間とともにめぐっていくものであり、すべてが重要であると考えられる。工房、工場、変容といった概念を用いると、私の学び3.0の定義は、次のように表わすことができる。

学び1.0：工場フェーズでの学び

学び2.0：変容フェーズでの学び

学び3.0：工房—工場—変容とめぐる共存在サイクルの学び

学び1.0では、成果物のクオリティが重視される。一方で、学び2.0では、学習者の感じるリアリティが重視される。そ

れらを対立概念とするのではなく、サイクルと捉えて回していくのが、学び3.0の実践のイメージである。

　学び3.0はオンラインに限定されないが、オンラインを活用すると、多様なメンバーと継続して学び合う環境をつくりやすい。学び3.0による学習コミュニティ生成運動の全体像を以下に示す。

図4.1.3 コミュニティ生成運動

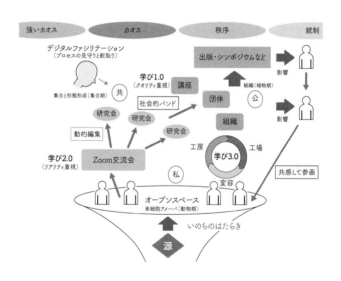

　学び3.0の場は、主催者がオープンスペースへ参加者を招待するところから始まる。主催者は、自分の中の深い想いや願いを語って招待するが、参加者をコントロールするのではなく、いのちのはたらきによって起こるプロセスを信頼して関わる。

そのためには、まず、主催者自身が、「ありのままの自分である」ことが重要になる。学び合いが豊かになるように、参加者に適度な多様性があることが望ましい。

主催者は、参加者が、ありのままの状態を自己表現できるように場をデザインしていく。学び2.0フェーズで活用しやすいワークショップを以下に示す。

未来フェス：

橘川さんが考案したワークショップ。参加者それぞれが短い決まった時間（5分〜10分）で、順に話したいことを発表していく。内容は「なんでもあり」とテーマ型の2種類がある。

オープンスペーステクノロジー（OST）：

参加者が話し合いたいテーマを出し、テーマごとに集まって話す。参加者は、話し合いの途中でも、自由にグループを移動することができる。

上のワークショップでは、どちらも参加者が会話を重ね、相互理解が深まり、関係性が育つとともに、それぞれが自分を表現しはじめる。それを真剣に受け止めてくれる人がいることで、表現が相互に引き出され、磨かれていく。多様な関わりが自然発生する。参加者同士の触発によって「共創エンジン」が回り、活動のエネルギーを増幅していく。そのエネルギーを活用して、個人やグループでの探究を進め、公的な成果物へとつなげていく。

インターネット上でのアウトプット、出版、シンポジウム、イベント開催など、公的にアウトプットすることで、探究してきた内容を外部の人に知ってもらうことができる。それを

受けとった人の中から、新たにオープンスペースへと入ってくる人がいることで、学習コミュニティの多様性が維持される。前から参加していた人は、新しい参加者が「ありのままの自分である」ことができるようにサポートし、次のサイクルが回る。

このような学びのプロセスを見守り、カオスと秩序の間で学び合いが進んでいくように舵取りするのがファシリテータの役割である。リアルとオンライン、同期と非同期とを組み合わせたコミュニケーションを促進する役割を拡張したファシリテータを、デジタルファシリテータと呼ぶ。デジタルファシリテータの役割については、本章4.3で、改めて説明する。

学び3.0のコミュニティ生成運動の例

中学生向けのオンラインの学び場「D-Stadium」は、オープンスペース「ゼロ磁場」(学び2.0)、尖った大人「面白人」との交流、文章指導などの講義を行なう「アカデミア」(学び1.0)、の3つの要素から構成され、それらを循環する学び3.0の場である。私は、ゼロ磁場の立ち上げと運営に関わっている。

ゼロ磁場では、未来フェス、OST、即興演劇 (インプロ)、ゲーム (オンライン人狼など) などを実施し、ファシリテータが入って振り返りを行なう。各自が自分の内面の多様な側面を表現できること、多様な関わりを自由にできることが大切にされ、その表現や関わりをお互いが受け止め、気づくことができるように振り返りを実施する。振り返りによって気づきが深まると、表現や関わりの強度が増してくる。ゼロ磁場で関係性を育むことと同時に、アカデミアで文章表現などのスキルを学び、最終的にはインターネット上でアウトプットする。そのアウトプッ

トに触発された人たちが、次回のD-Stadiumへと参加してくる。

図4.1.4 D-Stadium のコミュニティ生成運動

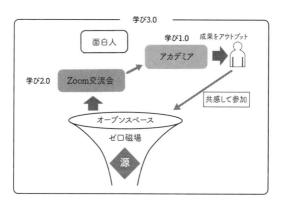

オンライン読書会とYAMI大学

2020年の夏、橘川幸夫著『参加型社会宣言』のオンライン読書会を実施するために、私は、オープンスペースを設け、参加者を招待した。そこでは、「未来フェス」をベースにしたオンライン読書会の型をつくり、参加者自身が主催する仕組みをつくった。参加者が主催者になり、1ヵ月で40回の読書会が実施され、「共創エンジン」が回った。そこで出会ったメンバーとの複数のプロジェクトが立ち上がった。

また、講座型の学びの場としてYAMI大学が始まり、橘川さんは「深呼吸学部」を、私は「よろめき歩き学部」を設立した。これらの学部の活動における公的アウトプットの1つとして、クラウドファンディングを行ない、本書『出現する参

加型社会』の出版を企画し、オンラインでシンポジウムを開催することにした。

　出版後に行なう予定のオンライン読書会や、シンポジウム、参加型社会学会は、新たな参加者をオープンスペースへと誘うはずだ。このようにして、学び2.0と学び1.0とを循環するようになると、学び3.0の場になっていく。

図4.1.5　YAMI大学のコミュニティ生成運動

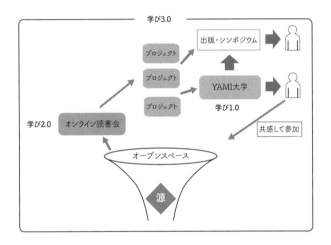

4.2.　静的安定構造から動的平衡状態＝自転車型へ

　学び3.0によるコミュニティ生成運動を実現するためのカギを握るのが、共存在サイクルの回転速度である。例えば100年かけて1回転するなら、私たちは、それを固定さ

れた「構造」と捉えるだろう。一方、1年間に2〜3回転する
のなら、私たちは、それを「運動」と捉えることができるだ
ろう。

　「構造」の中では特権のあるポジションが発生し、そのポ
ジションを頂点とした序列が生まれやすい。一方、「運動」
であれば、自分の出番が回ってくるのを待つことができる。
多様な特性をもった人たちが、時間差で活躍の機会を得るこ
とができる。秩序の中で力を発揮する人と、カオスの中で力
を発揮する人とが、交代で出番がやってくることを信じて共
存することができる。

図4.2.1　カオスと秩序の間を、らせんを描いて進む

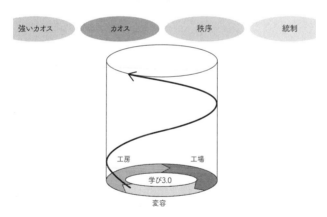

現在、学び1.0が優位な社会が、どのようにして学び3.0
が優位の社会へとシフトするのだろうか？　私は、そのシフ
トのカギを握るパラメーターが「変化の速さ」だと考えている。

テクノロジーの発展により、社会の変化のスピードが加速している。それに対応して、私たちの集団活動のサイクルの回転速度も加速している。このまま加速していけば、集団活動に対するイメージが、「静的安定」から「動的平衡」へと切り替わるポイントをいつかは超えるだろう。私は、この転換は、人間社会における重要な特異点の一つになると考える。

「静的安定」から「動的平衡」への切り替わりを三輪車と自転車の例を用いて説明しよう。今、社会の変化の速さをルームランナーのベルトの速さに対応させる。そのベルトの上で、三輪車、または、自転車を走らせて、その場にとどまっている姿を思い浮かべてほしい。

1年間に1メートルしかベルトが移動しないのであれば、私たちはベルトを「ほぼ静止している」と認識するだろう。その状況では、自転車は倒れずに静止しているのが難しいが、三輪車であれば倒れることはない。しかし、ベルトの速さをどんどん速くしていくと、ある速さ以上で自転車が倒れずに走れるようになる。逆に、スピードを出しにくい三輪車はこぐのが辛くなってくる。「静止時に倒れない構造」よりも「スピードが出せる運動機能」が重視される状況になると、自転車の方が適してくる。

図4.2.2 三輪車型から自転車型へ

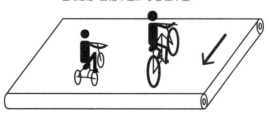

　ベルトコンベヤーの速度が上がるにつれて、秩序と統制との間で静的安定を維持する社会構造から、カオスと秩序との間をよろめき歩く動的平衡の社会構造へと最適状態がシフトするのだ。

図4.2.3　静的安定から動的平衡へ

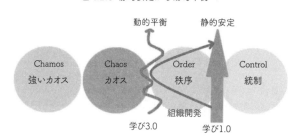

　秩序と統制の間でピラミッド型の静的安定を維持していた組織や社会が、カオスと秩序の間で動的平衡を維持するようにシフトすると、それに合わせて、あらゆるものがシフトしていくだろう。
　私たちの思考は、ロゴス的知性になじみ、ピラミッド型の論理構造を実現する静的安定と相性がよいが、私たちの身体は、レンマ的な知性をもち、粘菌型のネットワークと同様の動的平衡を維持している。このシフトは、組織や社会が、思考優位から身体性優位へ転換するものだともいえる。

表4.2.1 機械論と生命論の比較

	機械論的世界観	生命論的世界観
安定性	静的安定	動的平衡
原動力	外発エンジン	共創エンジン
知性	ロゴス的知性	ロゴス的&レンマ的知性
ゆらぎの意味	消去すべきノイズ	可能性の種
環境との関わり	閉鎖系	開放系
行動規範	言われたことをきちんとやる	表現し、受け止め、出会う
求心力	報酬、ポジション	物語生成力

　特異点を超えると、それに伴って機械論的世界観から生命論的世界観へ、世界観のシフトが進んでいくだろう。

　変化が激しい時代の特徴は、意味のある出会いの頻度が増してくることである。各自は、それぞれの認知の範囲で未来を想定して活動しているが、それらの活動同士が出会って、新たな可能性が生まれると、出会う前に立てていた計画を放棄して、新たな可能性を追求した方がよい状況になる。

　インターネットによる情報化によって人同士、コミュニティ同士が出会えるようになると、例えば、かつては人生を左右する出会いが、5〜10年に1度だったのが、1ヵ月に1度くらいの頻度に高まってくる。そうなると、自分の認知の範囲内で未来を想定するよりも、自分の認知の範囲外から訪れる出会いに心を開き、流れに乗っていく方が、願いが叶いやすくなる。

　かつてはロゴス的知性を活用して戦略を立てることが重視されていたが、情報化社会では、レンマ的知性を働かせてネットワークを張りめぐらせて、分散的な活動をさまざまに増幅し、意味のある活動が出現するような循環を起こすことが重

視されるようになってくる。かつては因果的な計画を妨げるノイズとして排除されていた不確実性や偶発性は、共創が起こる可能性の種として積極的に取り入れられるようになる。人が行動する原動力が、ピラミッド組織における報酬やポジションという対価によって回る「外発エンジン」から、人と人との想いがつながって展開する即興ドラマによって回る「共創エンジン」へとシフトする。

変化の速度が加速して、特異点を超えると、あらゆるものが質的に変わっていき、機械論的世界観が衰退し、生命論的世界観が優位になってくるだろう。

4.3. デジタルファシリテーション構想

日本ファシリテーション協会（FAJ）の定義によれば、「ファシリテーション（facilitation）とは、人々の活動が容易にできるよう支援し、うまくことが運ぶよう舵取りすること。集団による問題解決、アイディア創造、教育、学習等、あらゆる知識創造活動を支援し促進していく働き」のことだ。

ファシリテータの集団に対する関わりには、アジェンダをつくる、文脈を指定する、問いをつくる、など、方向性をつけて秩序を生み出す関わりと、コントロールを手放す、といったカオスへ向かう関わりの両方が含まれている。ファシリテータは、集団活動の様子を見守りながら、秩序とカオスのバランスをとり、知識創造活動が起こるようにプロセスを進めていくのだ。

テクノロジーの発展により、コミュニケーション形態が多

様化し、それに伴い、集団活動の在り方も変わってきた。かつては、集団活動といえば、対面でどこかに集まることを指していた。ファシリテータの役割は、集合研修やワークショップというイベントにおいて集団活動の舵取りをすることであった。しかし、現在、ファシリテータの活動の場は、対面だけに限らず、オンラインへと拡張している。

これは、単純に研修ルームをWeb会議室に置き換えるということではない。集合コストが高い対面の場に対して、集合コストがゼロに近いオンラインの場は、回数を重ねることが可能であるのが特徴である。例えば、年に1回、対面でカンファレンスを行なう予算があれば、オンラインカンファレンスを毎月行なうことができる。

このような状況において、ファシリテータは、対面とオンラインのハイブリッドのコミュニケーション環境を踏まえて、目的に応じて場をデザインする必要がある。**オンライン化によって、あらゆるイベントは、継続的なプロセスの中で位置づけられるようになる。**私は、テクノロジーによって拡張されたファシリテーション概念をデジタルファシリテーションと呼び、以下のように整理する。

図4.3.1 デジタルファシリテーションの構成

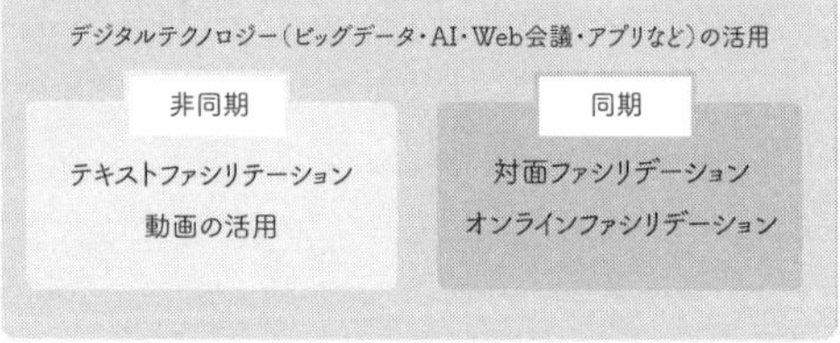

デジタルファシリテーション
デジタルテクノロジー（ビッグデータ・AI・Web会議・アプリなど）の活用

非同期	同期
テキストファシリテーション 動画の活用	対面ファシリデーション オンラインファシリデーション

　教育を例にとって、デジタルファシリテーションについて説明しよう。

　教室という対面の場の授業スタイルを一斉講義からアクティブ・ラーニングへと転換すると、教師の役割が「教える人」から「(対面)ファシリテータ」へとシフトする。それをそのままオンラインへ持ち込み、Web会議室で行なう授業を一斉講義からアクティブ・ラーニングへとシフトすると、教師の役割は、「オンラインファシリテータ」となる。

　オンラインだと一方向コミュニケーションが劣化しやすいので、教える内容を動画にして、動画を見た感想をLMS内の掲示板で相互にやり取りするようにすると、同期の授業の間に非同期コミュニケーションが入ってくる。そのとき、掲示板を見守ってコミュニケーションを促進したり、動画を見てコメントしたりといった「非同期ファシリテーション」が必要になってくる。

　このように、デジタルファシリテータは、制約条件がある中で、どの部分を対面にするのかオンラインにするのか、同期にするのか非同期にするのか、といったことを総合的に検討して場をデザインし、集団活動が、カオスと秩序の間で創造的に行なわれるように、継続的なプロセスを舵取りする。

　対面の場で行なう研修やワークショップでは、ファシリテータが1人で場の舵取りを行なうことが可能である。しかし、対面とオンラインとを融合して継続的に学び合っていく場のデジタルファシリテーションは、1人で行なうことは難しく、チームで行なうことがほとんどである。運営チーム内の役割は、例えば次のようになる。

1）ファシリテータ：

同期＆非同期のファシリテーション、ワークショップデザイン、事前課題のコンテンツ作成などを行なう。

2）コミュニティマネージャー：

事前課題などの準備、受講生へのお知らせ、プラットフォームの設定のコンテンツ部分、非同期のファシリテーションなどを行なう。内容についてファシリテータと議論する。

3）テクニカルパートナー：

プラットフォームやITツールの設定、Zoomのホストなど、テクニカルに関する部分を担当する。

4）共創カタリスト：

運営チームと参加者の両方にまたがる存在。運営チームとしての意図をもちつつ、参加者と同等の役割で活動することで、参加者の主体的な関わりを促進する。

このほか、場合によっては、デザインやファシリテーショングラフィックを担当するメンバーが、チームに加わることもある。これらの役割を担うメンバーが、チームとして場を創ることで、リアルとオンラインとを融合した場に「共創エンジン」が回る参加型の場を創ることができる。

私がデジタルファシリテーションで参加型の場を創るとき、Art of Hostingの考え方を参考にすることが多い。Art of Hostingは、あるテーマ・問いかけのもとに集まった参加者が、参加型リーダーシップを学び、実践する3泊4日の合宿型トレーニングプログラムである。図4.3.2は、その中で登場する「実践の

四相」である。

図 4.3.2 Art of Hosting の実践の四相

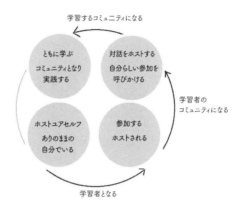

1) ホストユアセルフ：

ファシリテータ、プロジェクトマネージャー、テクニカル
サポーターなどのコアチームが集まり、それぞれがどんな
想いで場に関わろうと思っているのかを聴き合うところか
ら始める。まず、コアチームが、「ありのままの自分でいる」
ことを大切にすることを確認する。そして、「そんな私た
ちにとって、この場で何が起こるとうれしいのか？」を話
し合い、望ましいことが起こったことをイメージしたとき
に、コアチームの各自にどんな感情が生まれるかを、身体
感覚を手がかりにして探る。コアチームがしっくりくる言
葉を紡ぎ、場の意図として、必要に応じて読み返す。

2) 参加する：

コアチームは、共創カタリストを交えた対話の場を設定し、

共創カタリストを迎え入れる。コアチームが、どんな想いをもって場の意図を設定したのか、どんな想いで共創カタリストのメンバーに声をかけたのかを共有した後、共創カタリストがどんな想いをもって場に関わろうとしているのかに耳を傾ける。共創カタリストは、「ありのままの自分でいる」ことを大切にして参加する。場の意図を修正する必要があれば修正し、コアチームと共創カタリストを含めたチームで意図を合わせ、参加者を場に迎える準備を整える。

3) 対話をホストする：

コアチームは主催者として、共創カタリストは参加者として、新しい参加者を場に迎え入れる。コアチームは、参加者が「ありのままの自分でいる」ことができるように場のデザインや関わり方を工夫し、共創カタリストは、参加者と同じ立ち位置で「ありのままの自分でいる」を実践する。それによって、参加者が「ありのままの自分でいる」ことができるように支援する。

4) ともに学ぶ：

参加者が、お互いに「自分らしく対話に関わる」ことを支援するようになり、場に現われるさまざまな違いを、一元的な価値観による序列ではなく、多元的な価値観による学び合いのリソースとして活用できると、信念対立に陥らずに「共創エンジン」が回りはじめ、集合知からともに学び合う学習するコミュニティになっていく。

表4.3.1 各ステップにおける実践の四相

	コアチーム	共創カタリスト	新しい参加者
Step 1	ありのままの自分でいる 参加する		
Step 2	対話をホストする	ありのままの自分でいる 参加する	
Step 3	対話をホストする	対話をホストする	ありのままの自分でいる 参加する
Step 4	ともに学ぶ	ともに学ぶ	対話をホストする ともに学ぶ

　参加型の場は、参加者のリアリティからつくられる学び2.0
フェーズからスタートする。そのためには、参加するすべて
の人が「ありのままの自分」を表現することが、とにかく大
事になる。それは、「ありのままの自分」として参加し、「あ
りのままの自分」の表現を受け止めて聴く人がいることによっ
て実現する。「ありのままの自分」を受け止められた人が、
今度は、他の参加者の「ありのままの自分」を受け止める側
に回り、お互いの中の本物の感情や想いが引き出され、増幅
されてくる。

　その過程で、お互いがもっている信念体系が衝突して信念
対立が発生する場合がある。日常生活では、信念対立が発生
することを恐れて表面的な会話をしていることが多いため、
怖れが発生して、開いていた心を閉ざすこともある。信念対
立が発生したときに、信念が形成されるにいたった背景を、
エンパシーリスニングによって追体験するように聴き合える
かどうかが、集合知へ至ることができるかどうかの分岐点に
なる。

場が始まるときに、お互いの想いや、場に参加した背景などを聴き合っていると、信念対立などが発生したときに、お互いの背景に思いを馳せやすくなる。

　信念体系を揺るがすような認識の変化は、各自に大きな学びをもたらし、学習コミュニティに豊かな集合知をもたらす。参加者が個人、または、チームで、集合知に触れたことで発見できた新しい可能性を追求し、クオリティを高めていくのが、学び1.0フェーズである。

図4.3.3　信念対立を超える仕組み

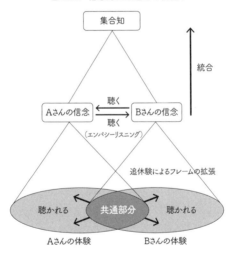

　コアチームは、同期の対話の場、ワークなどの録画動画、LMSでのテキストのやり取りなどから場のプロセスを読み取り、状況に応じた関わりをして、集合的な活動がカオスと

秩序の間でバランスよく行なわれるように舵取りする。

　現在は実現できていないが、近いうちに、参加者の発言や行動データなどをAIで解析して視覚化し、コアチームが打ち手を考えるための参考資料として活用できるようになるだろう。しかし、注意すべきは、AIによる解析結果をもとに自動的に打ち手を決定してはならないということである。

　ファシリテータの役割は、ロゴス的知性とレンマ的知性とをバランスよく用いて、いのちのはたらきによって「共創エンジン」が回るように、その場をホールドすることである。AIができるのはロゴス的知性の拡張だけである。オンラインの場では、参加者の「生の雰囲気」を感じとりにくくなり、対面で活用していたチャンネルが使えなくなる。

　その一方で、データ活用などオンラインで活用しやすいチャンネルもある。ファシリテータが存在する意味は、場を感じとる複数のチャンネルからの情報を統合し、集合的無意識や場の意図とつながって直感的に打ち手を決めていくところにあると私は考えている。

参加型社会の探究テーマ案

あらゆるものを換骨奪胎する

　機械論的世界観は、人間を含む生命を、タンパク質でできた因果関係に従う機械だと見なしてきた。そして、あらゆる現象は因果関係に従うはずであるから、それに従わないものは非科学的であり、迷信や勘違いの類であると見なしてきた。その結果、因果関係に従わない現象である私たちの主体性や創造性は、「非科学的な領域」に置かれてきた。つまり、「生きていること」は、非科学的であり、迷信や勘違いと同類と見なされてきたのだ。

　人間は、機械論的世界観の中で存在を認められて報酬を得るために、「外発エンジン」を回し、主体性や創造性を自ら抑え込み「因果関係にちゃんと従う物質」として、決められた通りに行動することを求められてきたのだ。

　20世紀に入って出現した生命論的世界観は、ロゴス的知性とレンマ的知性とを統合するものだ。

　断片化された個体が因果に従って動いていると認識するロゴス的知性と、世界と縁によってつながり合っていると直感するレンマ的知性を共存させ、世界に対するイメージを二重生命状態へと拡張しよう。前者が優位な自我、後者が優位な自己という、矛盾を行き来することでドラマを展開し、意味を見出す。そうして「共創エンジン」を回してともに生きていく参加型社会を、生命論的世界観の中に構想したい。

　第5章では、機械論的世界観に基づいてデザインされてき

た社会システムを、生命論的世界観に再デザインする方法を
考察する。

5.1. 南方熊楠のフレームワーク Kumax

　生命論的世界観で再デザインするためのフレームワークと
して、南方熊楠の五不思議の考え方を手がかりにする。真言
密教の影響を受けていた熊楠は、因果を次のように捉えていた。

　　　因は、それなくては果起こらず、また因異なればそれに伴っ
　　　て果異なるもの。(『南方マンダラ』p42)

図5.1.1　因果

　さらに、因果との関わりで縁起を次のように捉えていた。

　　　縁は、一因果の継続中に、他因果が竄入し来るもの、それが
　　　多少の影響を加うるときは起、故に諸多の因果をこの身に継
　　　続しおる。縁にいたりては一瞬に無数にあう。それが、心の
　　　とめよう、体にふれようで事を起こし (起)、それより今まで
　　　続けて来たれる因果の行動が、軌道を外れゆき、また、外れ
　　　た物が、軌道に復しゆくなり。(『南方マンダラ』p43)

図5.1.2　縁起

因果と因果が出会うのが「縁」　　　　　縁によって何かの変化が起こるのが「起」

　縁によって何かの変化が起こるかどうかは、3次元空間における因果関係によって決まるのではなく、潜在的なものが生起するかどうかによって決まる。「縁起の論理」とは、生命論的世界観における論理なのである。

図5.1.3　縁起のメカニズム

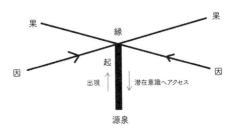

　熊楠は、人間にとって意味のある世界は、「物」と「心」が交わって生じる「事」として現象すると考えていた。
　ニュートン力学は、物質の運動が力によってどのように変化するのかを記述する。つまり、物の運動の因果を解明する。一方、心理学の行動主義は、人間の心を入力と出力の因果関

係として解明しようとする。これは、「物」の因果を解明する方法を心に応用したものだ。近代科学の方法論は、観測者と対象を切り離して、観測者と対象との縁を切り離す。さらに着目している原因以外の縁を切り離して理想化する。その結果、特定の因果関係を取り出す。この方法論によって数多くの因果関係の規則が発見されてきた。

図5.1.4 近代科学と量子力学における因果と縁起

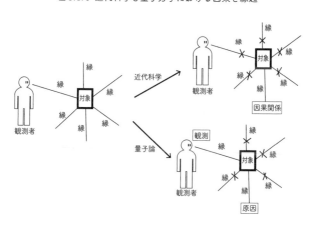

しかし、観測対象が電子のような微小なものになると、観測する行為が対象に与える影響が無視できなくなり、電子という「物」の因果と観測者の「心」とが交じり合う「事」としてしか取り出せなくなってくる。そこから発生したのが、観測問題というパラドックスである。

わざわざ電子のことを考えなくても、私たちの現実のほとんどは「物」と「心」とが交わって生じる「事」の連鎖として

出来上がっている。因果だけを近似的に取り出せるのは、周りと切り離した実験室内の特殊な時空間に限定される。機械論的世界観は、その特殊な時空間に限定された中で発見された「科学的事実」を全世界に拡大解釈しているのだ。

「事」を理解するために、「物」と「心」とを分離して因果の規則を取り出す近代科学の方法はとれない。なぜなら、「物」と「心」の交じり合いが「事」だからだ。熊楠は、これらを、「物不思議」「心不思議」「事不思議」と名付け、「事不思議」の本質を洞察することの重要性を説いた。

では、「事不思議」の本質をどのように洞察すればよいのだろうか。自己と対象とを完全に分離せず、自己と対象との区別が不鮮明な感覚の中で全体構造、運動パターンを直感的に認識するのが、一つの方法だ。

例えば、自分が所属している組織内の葛藤の渦中にいて、自己と他者という捉え方をしているときは自他が分離していて「事不思議」が見えてこない。一方で、その捉え方を手放し、組織が大きな生き物であり、自己や他メンバーも、同じ生き物の一部であり、組織に生じている生命としての営みを構造や運動パターンとして直感的に捉えられたとき、「事不思議」が洞察できる。

熊楠は、自己と他者との区別が不鮮明になりながらも、かろうじて個が残っていて、自他融合の統一場からの力を受けて現象しているような領域を「理不思議」と呼んだ。「事不思議」における「因果」と「縁」を手がかりにして、自分自身も世界へ没入し、そこに働きかけてくる宇宙の全体運動に意識を向けたときにレンマ的知性によって直感的に感じとること

ができるのが「理不思議」である。

　ユング心理学において集合的無意識にある「元型」は、熊楠の枠組みだと「理不思議」の領域になる。また、熊楠は、その先にある完全に自他非分離の宇宙の根源的な場、宇宙の全体運動を「大日如来の大不思議」と呼んだ。これらは、大乗仏教の華厳経の世界観と重なり合うものである。

　　　物不思議：物界の現象。
　　　心不思議：心界の現象。
　　　事不思議：物界と心界が交じり合って生じる現象。
　　　理不思議：宇宙の根源的な全体運動からの影響を受け、
　　　　　　　　事の背後に生じるパターン。
　　　大不思議：宇宙の全体運動。あらゆる現象を生じさせ
　　　　　　　　る根源的な力。無。

　YAMI大学で「萃点探究」の講座を担当する山口千咲さんは、熊楠独自の概念である「萃点」が、プロセス指向心理学の「エッセンス」に対応するものだと言う。彼女は、プロセス指向心理学のワークを活用して「萃点」を体感で理解する講座を開発した。

　山口さんとのやり取りを通して、南方熊楠の五不思議を次頁の図5.1.5のように図式化することができた。この図式は、生命論的世界観のさまざまな論考を図解するフレームワークとして役立つ。このフレームワークを、熊楠の名前とコンピュータのオペレーションシステムのLinuxにちなんで、Kumaxと呼ぶことにする。

図 5.1.5 南方熊楠フレームワーク (Kumax)

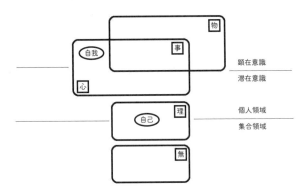

　Kumax に基づいて考えると、近代科学とは、心不思議に
存在している「自我」が、「ロゴス的知性」を活用して物不思
議の「因果関係」を明らかにする試みである。
　一方、熊楠が構想した「縁起の論理」とは、大不思議の創
造性によって事不思議に出現する現象を、「レンマ的知性」
によって直感的に把握し、現象のエッセンス（萃点）を把握
する試みである。

図 5.1.6 Kumax における近代科学と縁起の論理

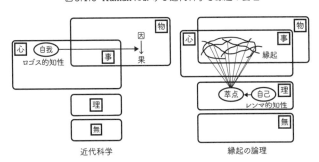

近代科学　　　　　　　　　　　　　　縁起の論理

熊楠の五不思議と細胞性粘菌のライフサイクルとを、次世代コミュニティ生成運動と重ね合わせると次のようになる。

図5.1.7　コミュニティ生成運動とKumax

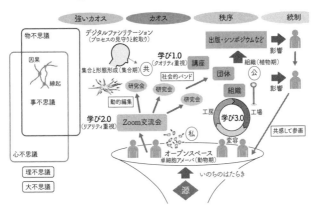

　参加者が自分の本心を語って共有する学び2.0は、心不思議に重心がある。Zoom交流会では、多くの人と縁が生まれ、一緒に何かを始める（起）という機会が生まれる。プロジェクトや研究会は、事不思議に重心がある。やるべきことが固まったらフレーミングしてゴールを定めてやりきる。

　学び1.0は、物不思議に重心がある。学び3.0を促進するデジタルファシリテータは、プロセス全体を見渡して、「私たちは、なぜ、ここに集まったのだろうか？」という問いを投げかけ、コミュニティ活動の源を探る学びへと参加者を誘う。これは、理不思議へと向かう学びだ。その結果として、大不思議の源泉から湧き出す創造性とつながりを感じるようになると、「共創エンジン」が回りやすくなっていく。この

ように、Kumaxは、学び3.0の生命的なコミュニティ活動を捉えるのに有効なのだ。

5.2. 物語生成力

機械論的世界観は、物不思議で発見された因果関係を、世界全体に拡張したものだ。ここでは、「再現可能な法則」を発見し、検証し、科学的真理として認定する。この方法論は物不思議の解明には有効だが、心不思議にそのまま当てはめることはできない。心は、本来、融通無碍な性質をもち、再現性を示さない。

心がつねに再現可能な因果関係を満たすとしたら、暴力的な関わりによって、個人的無意識に超自我が埋め込まれ、刺激に対して決められた反応を示すように訓練された結果である。安冨歩さんが言うように「まともに生きている人間は、記述できない」のだ。だから、心不思議を探究するには、物不思議とは異なるやり方でアプローチする必要がある。

事不思議は、因果と縁の交じり合った現象世界だが、インターネットによって世界中が縁でつながるようになった今、事不思議の領域が活性化している。コロナ状況下で発生したコミュニケーション欲求が、ネットでつながった縁からさまざまな活動を起こしている。

縁起の頻度が飛躍的に上がると、再現可能な因果関係によって未来予測するロゴス的知性よりも、頻発する縁起の根源に意識を向け、出現しようとしている物語を直感的に把握するレンマ的知性の方が重要になっていく。ロゴス的知性が

フレームを固定し、起こった現実と予測との差分によって因果関係の法則を改善していくのに対し、レンマ的知性は、縁起によって起こった現実を素材にして、ともに生きていけるような物語を出現させるのだ。

ファシリテータは、「何があなたをここに連れてきましたか？」「私たちがここに存在する意味は何だろう？」といった問いを投げかけ、レンマ的知性を活性化させる。対話のサークルからは、さまざまな声が素材として提出され、対話の参加者のあいだからエネルギーに満ち溢れる物語が出現する。ファシリテータは、物語が出現する源泉である理不思議に参加者の意識を向けているのである。

ユングが集合的無意識を発見して以後、トランスパーソナル心理学や、プロセス指向心理学など、理不思議や大不思議へ射程を広げる心理学が登場してきた。私にそれを詳しく説明する力はないが、それぞれが使用している概念構成を比較してみよう。プロセス指向心理学に登場する「合意された現実」「ドリームランド」「エッセンス」や、ケン・ウィルバーの「意識のスペクトル」の自我段階以降は、Kumaxと次のように対応すると考えられる。

図5.2.1 「プロセス指向心理学」と「意識のスペクトル」の対応

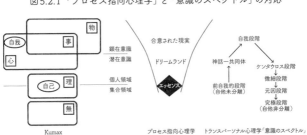

Kumax　　　　　　　プロセス指向心理学　　トランスパーソナル心理学「意識のスペクトル」

表5.2.1 「意識のスペクトル」の分類

段階	特徴
前自我的段階	乳児から幼児の意識。自我が未発達で自分を明確に意識しておらず、基本的に身体感覚のみで動いている。
神話─共同体段階	ある集団に同一化している意識状態。自分と集団を明確に分離していない。ものの見方は呪術的、魔術的。
自我段階	他者と異なる自我の意識が明確に現われた段階。合理的、論理的な判断力がある。
ケンタウロス段階	自我の制約を超えた意識。想念や感情と異なる「自分そのもの」の自覚。
微細段階	時間空間の制約を超える。元型的イメージの世界。超感覚の発生。
元因段階	純粋な形、理念の世界。いわゆる神仏。光明、絶対的な愛など。
究極段階	すべてを超えた「絶対」そのものとの一致。究極的な覚醒。宇宙との合一。

　物不思議の因果関係で世界を構成する機械論的世界観では、理不思議が入り込む余地はなかった。だから、理不思議を探究する必要がなかった。しかし、縁起を手がかりに物語を出現させる生命論的世界観では、事不思議と理不思議を往復して物語が生成することが、重要な探究領域になる。

　私たちはかつてないほどの規模で縁起が活性化する時代の始まりに生きている。縁起を素材として「私たちがともに生きるための物語」を生成し続けることが、これからの私たちの生きる営みになっていくだろう。

　機械論的世界観では、お金や地位が「外発エンジン」の燃料であるため、「利益を生む経営計画」という機密情報が組織の中心に置かれた。生命論的世界観では、物語が「共創エンジン」の燃料であるため、「生きるための物語を生成する場」という文脈と空気感が組織の中心に置かれるだろう。

　次に、物語がどのように生成されるのかを考えてみよう。

　ユング心理学は、集合的無意識が心に作用する作用点として元型の存在を仮定する。元型が心に作用することによってパターン化されたイメージや像が認識されるというのだ。この仮説を受け入れるとすると、集合的無意識の普遍的な力動作用や、個人的無意識に沈んでいるコンプレックスなどに影響されながら、私たちの心の中に現われるイメージや像の運動が意味づけられて物語が生成されると考えられる。

　ジョーゼフ・キャンベルは、さまざまな時代や地域の神話を集めて類型化し、そこに現われる典型的なパターンを整理した。これは、元型の普遍的な力動作用を研究した例として考えられるだろう。

　一方、社会的システムの影響で魂が植民地化された場合は、心の中の伸びやかな活動が束縛され、抑圧的な超自我にとって都合がよい物語が生成されるだろう。機械論的世界観は、人々の心の中に「社会という巨大な機械の部品として生きる」という画一的な物語が生成する仕掛けを埋め込むことで維持されてきた。生命論的世界観は、内面化した超自我の存在を特定してその力を弱め、伸びやかな物語生成力を取り戻すところから始まるだろう。

　私は、自分を生きるとは、自我（エゴ）と自己（セルフ）という二重生命状態にある自分を自覚し、因果の物語を紡ぎやすい自我と、縁起を感じとる自己との間を行き来しながら、次々と発生する出来事を、伸びやかな物語生成力によって意味づけて生きることなのではないかと思う。

　自分を生きる人たちが、その物語生成力によって「ともに生きる」物語を生み出していったとき、画一的ではなく流動

し続ける生命論的世界観の物語が生まれるだろう。それは、機械論的世界観の暴力によって傷ついた心が癒されて非暴力化していくプロセスである。物語が変われば、世界の捉え方が変わり、世界は変わるのである。

図5.2.2 Kumaxにおける外発エンジンと共創エンジン

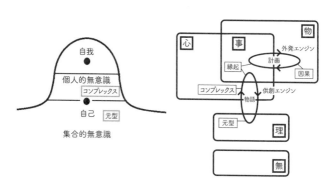

5.3. 進化論再考

　機械論的世界観では、生物は、3次元空間においてニュートン力学などの因果関係に従って動く機械であると捉えられている。過去から未来へ一様に流れる時間軸に沿って直前の状態から直後の状態がひと通りに決まっていくため、自由意志や創造や進化は存在しえない。神の最初の一撃ですべてが決定しており、そのプログラムに厳密に従って過去から未来へ決定通りに動いていくだけだ。
　18世紀の数学者で天文物理学者でもあったピエール＝シ

モン・ラプラスは、『確率の解析的理論』の中で、次のよう
に述べた。

> もしもある瞬間におけるすべての物質の力学的状態と力を知
> ることができ、かつもしもそれらのデータを解析できるだけ
> の能力の知性が存在するとすれば、この知性にとっては、不
> 確実なことは何もなくなり、その目には未来も（過去同様に）
> すべて見えているであろう。

　この「知性」は、後に「ラプラスの悪魔」と呼ばれるように
なった。「ラプラスの悪魔」にとっては、不確実なことなど
何もなく、私たちが「自律性」「創造性」「進化」と呼んでいる
ものは、「ラプラスの悪魔」にとっては因果関係の結果にす
ぎないというわけだ。
　実在論では、空間の中に確固たる実在である物体が存在し、
その物体の運動に影響を与える外部からの作用の特定は原理
的に可能であり、物体は過去から未来へ、因果関係によって
運命づけられた道筋に沿って運動し続けていく。
　カオス理論は、ゆらぎを増幅させるシステムにより、未来
が予測できなくなることを示したが、それは、人間の未来予
測力の限界を示すものであり、「ラプラスの悪魔」を否定す
るものではない。カオスを含むようなシステムの計算結果が、
私たちの予想外の結果をアウトプットしたとしても、それは
私たちの予想の限界を示すものだ。「ラプラスの悪魔」から
見れば決定論的因果関係であり、新たなものの創造ではない
だろう。実在論と因果関係の組み合わせからは、どうやって
も新たなものは生まれてこないのだ。つまり、私たちはこの

世界観の中では決められた通りに動く機械であり、いのちをもたないゾンビであると結論づけられてしまうのだ。

　ネオ・ダーウィニズムは、以下の2つの仕組みによって進化を説明する。
　　・ランダムな突然変異
　　・自然選択
　創造が存在しえない世界観の中で、創造的な進化を説明する手品の種は、「ランダム」である。ランダムは、機械論的世界観が唯一、存在することを許している不確実性である。しかし、すべての情報を得ることができる「ラプラスの悪魔」にとっては、「ランダム」など存在しない。

　花粉にぶつかってくる一つひとつの原子の動きを認識している「ラプラスの悪魔」にとっては、不規則に見える花粉のブラウン運動は因果関係に従った運動に過ぎない。それらを認識できない私たちが、ある範囲でフレーミングして、フレーム外部からの影響を「ランダム」で置き換えた結果、花粉の運動を「ランダムに衝突してくる原子によって生じる不規則な運動」と捉えているだけである。

　ネオ・ダーウィニズムの主張は、実際には「創造」は起こっていないが、私たちの認識には限界があるため、ある範囲以上の微細な影響をすべて「ランダム」と見なす以外はなく、「ランダム」の影響によって生じる予想外の出来事を、私たちは「創造」と誤認するということだ。

　つまり、あらゆる物質が決定論的因果関係に従って動いている世界観の中で、私たちも因果関係に従って動き、「創造」な

ど起こっていない。しかし、私たちの認識には限界があり、予想できない出来事が多々あり、その中で精妙な出来事に出会うと、私たちは「創造された」という感想をもつということだ。

ネオ・ダーウィニズムの進化論は、19世紀以降の私たちの世界観に大きな影響を与えてきた。自然選択による適者生存の考え方は、弱肉強食の生存競争を自然の摂理として正当化し、優生思想を生み、植民地主義を肯定する物語を生み出した。進化論は、私たちとは何者なのかを認識する構成要素の一つであり、私たちの物語生成のパターンに大きな影響力をもつ。だとしたら、進化論が再考されることは、21世紀以降の世界観に大きな影響を与えるはずだ。

どこに突破口があるだろうか？　ネオ・ダーウィニズムの前提である実在論は、ベルの定理とアスペの実験により覆され、すでに量子論に置き換わっている。私たちは、すでに「ラプラスの悪魔」が住んでいない世界に生きている。新しい前提に立って、自律性、創造性、進化についての考えを再構築できる時代になっている。量子論に基づく新たな進化論（以下、生命論的進化論と呼ぶ）は、まだ構築されていないが、どのようなものであればよいのだろうか？

量子生物学の創始者の一人であるジム・アルカリーリが『量子力学で生命の謎を解く』で次のように述べている。

エルヴィン・シュレディンガーは60年以上も前に、生命が無機的な世界と異なっているのは、分子レベルでも構造的で秩序立っているからだと指摘した。この一貫した秩序のおかげで、生命は分子とマクロをつなぐいわば頑丈なテコを手にし、それによって、1個1個の生体分子の中で起きる量子現象が生命

体全体に影響を及ぼすことができる。もう一人の量子の開拓者、バスクアル・ヨルダンが主張した、量子からマクロへの増幅作用である。

　光合成やDNA合成、コマドリのコンパスなど、生命の根源的な部分に量子現象が関わることが明らかになってきている。ここで重要なのは、「生命とは量子からマクロへの増幅作用をもつ存在である」という認識だ。実在論で矛盾なく捉えられるニュートン力学的なマクロ世界に、重ね合わせや量子もつれなど、不気味な量子現象を増幅して持ち込むのが生命だというのだ。

　現代物理学は、巨大な加速器を使って、究極の素粒子を探索してきたが、探索を進めるほど、観測者と対象との分離は不可能になって事不思議としてでしか扱えなくなり、物不思議としての存在はぼやけてくる。

　現代物理学が描き出す世界像は、大乗仏教の華厳経が表現する世界像とよく似ている。宇宙の一部である観測者が、宇宙の一部である対象と出会う「観測」は、いわば「宇宙の自己反映プロセス」である。宇宙が自分自身を映し合う合わせ鏡が起こった結果、重ね合わせ状態で広がっていた可能性の1つが収縮して局在化した実体として現象する。

　　図5.3.1　宇宙の自己反映プロセス（宇宙が自分自身を観測する）

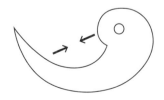

このようなことを踏まえ、Kumaxを用いて、自律性、創造性、進化のプロセスの説明を試みる。

1) 大不思議に生じる創造の源泉が、理不思議における元型の作動を通してイメージや像を生み出す。

2) 「不気味な量子現象を増幅してマクロに持ち込む存在」である生命は、微細なシグナルを増幅し、個人に蓄積された情報などと結びついて、心不思議に物語を発生させる。

3) その物語が身体を通してマクロ世界へ持ち込まれて物不思議と混じり合うと、因果と縁起とが混じり合い、自律性、創造性、進化といった出来事が事不思議に出現する。

図5.3.2 量子現象のマクロへの増幅

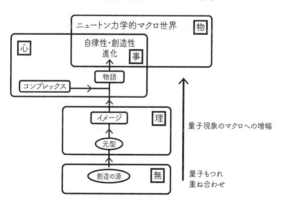

機械論的世界観が、「創造の存在しない閉ざされた3次元空間」で、物不思議だけを扱っているのに対し、生命論的世

界観は、「宇宙は創造的である」という前提に立ち、根源的な創造力が、どのように事不思議に出現するのかを説明することになる。

　次に、「時間概念」について考察する。決定論的因果律の特徴は、物不思議の内部に閉じた世界で、「因果関係によって、直前の状態から、直後の状態が一義的に決定する」ことにある。

　　決定論的因果関係の時間：

　　直前の状態 ⇒ 因果法則 ⇒ 直後の状態

　時間は、直前、現在、直後が連続的に結合して流れていき、「創造」の入り込む余地がない。実際、コンピュータシミュレーションでは、このようにプログラムを組む。ネオ・ダーウィニズムのように「みせかけの創造」を演出したいときには、以下の方式をとり、変化の要因を「ランダム」に押し付ける。

　　ネオ・ダーウィニズムの時間：

　　直前の状態 ⇒ 因果法則＋ランダム ⇒ 直後の状態

　しかし、これは、すでに述べたように、観測者の認識の限界を「ランダム」という形で取り入れているだけだ。

　認識の限界を広げて「ラプラスの悪魔」まで到達すると、「決定論的因果関係の時間」に一致する。複雑系の科学では、「因果関係」が「複雑性を生み出す因果関係」へと拡張されるが、本質的に同じことである。

　複雑系の科学においてさまざまなコンピュータシミュレーションが行なわれ、プログラムをした本人にも予想できない結果が得られることもあったが、「ラプラスの悪魔」の役割

をしているコンピュータにとっては、決定論的因果関係にすぎない。

それに対して、Kumaxで考える時間は、次のようになる。

Kumaxの時間：

直前の状態 ⇒ 因果関係＋縁起 ⇒ 直後の状態

これは、言い換えれば、この世界を、物不思議で閉じるのではなく、大不思議 ⇒ 理不思議 ⇒ 事不思議と出現する現象を扱う時間概念によって考えるということである。もし、この世界に創造性があるのだとすれば、それは、私たちの宇宙が創造的なのであり、ビッグバン以来、絶え間なく創造し続けているのであろう。その創造プロセス（自己組織化プロセスと言ってもよい）は一様ではなく、流動的である部分（心不思議）と、固定的・反復的である部分（物不思議）という2つの極へ分化し、その両極の間で事不思議として現象しているのだろう。このような視点から時間を捉えているのが、アンリ・ベルクソンの「持続」、イブヌ・ル・アラビーの「新創造」、道元の「有時」などである。

ベルクソンは、どのように創造が起こるのかではなく、連続的に創造が起こり続けている世界を人間の知性はどうして、創造が起こっていないと捉えるのかという問いを立てる。ベルクソンは、「人間の注意が流転する連続的な諸状態を人工的に区別し分離しているから、今度は人工の紐で結びなおさなければならない」と言う。そのうえで、「過去が未来を嚙って進みながらふくらんでいく連続的な進展」（『創造的進化』p25）を「持続」と呼ぶ。

井筒俊彦は、『コスモスとアンチコスモス』の中で、イブヌ・ル・アラビーと道元の時間概念を比較検討している。井筒は、イブヌ・ル・アラビーの「新創造」を、以下のように説明する。

　　いつでも、永遠不断に、時は『現在』として熟成し、その度ごとに存在が新しく生起していくのだ。瞬間ごとに新しく生起する存在の連鎖は、切れ目のない時間の連続体を構成しない。1つの現在が次の現在に、1つの存在生起が次の存在生起に移る。その移り目に、すべては、一度、無に没落しなければならないからだ。たとい、その無の間隙が、目にもとまらぬ速度で起こるとしても、である（『コスモスとアンチコスモス』p132）。

これを、これまでと同様に表わすと、次のようになる。

　「新創造」の時間：

　直前の状態 ⇒ 無に没落し新しく生起する ⇒ 直後の状態

Kumaxで図示すると、以下のようになる。

図5.3.3 「新創造」における時間

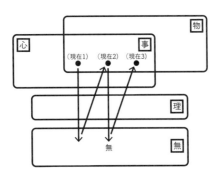

　道元は、仏教哲学の2つの学派である「唯識」と「華厳」の存在論・時間論を統合して「有事」という時間論を展開した。井筒の説明を参考に、これらについても、Kumaxで図解してみよう。

　唯識では、我々のあらゆる行為は、必ず我々の心の深み、つまり、理不思議の領域に痕跡を残すと考える。その経験の痕跡を「種子」と呼ぶ。種子は、意味が生まれるもとになるものであり、コトバと結びつくと表層意識へ浮かび上がってきてイメージとして現象する。種子は、「アラヤ識」と呼ばれる貯蔵庫に蓄えられていると考えられている。このような唯識哲学の概念装置のもとで、時間は次のように構成される。

図5.3.4 唯識における時間

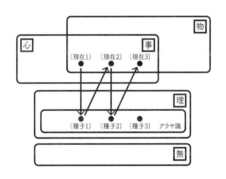

　日常的な現実（ニュートン力学的な3次元空間）を時間が連続的に流れているのに対し、イブヌ・ル・アラビーの「新創造」も、唯識哲学の時間論も、大不思議、または、理不思議という異なる層を往復することによって、「現在」が、不

連続に対応づけられる。つまり、因果を超えて新しいもの
が創造される可能性に、一瞬一瞬、開かれている時間なの
である。

　生物進化の不思議なところは、「あたかも未来が分かって
いるかのように変化する」という点である。ランダムな突然
変異と自然選択で考えると、現在の生物は、「ゴミ置き場に
ハリケーンが吹いたら、ジャンボジェット機が組み上がった」
というような、確率の低い出来事が奇跡のように積み重なっ
て誕生したように見える。それに対して、華厳の時間は、未
来から学ぶ可能性について示唆を与えてくれる。

　華厳では、日常的な目で事不思議を見る視点1と、一度、
理不思議へと意識を移したのちに戻ってきて事不思議を見る
視点2との二重写しで現実を捉え、それを「事事無礙」と呼ぶ。

　視点1では、すべてのものは、それ自体として存在する。
AはAであり、BはBであり、AとBとは混ざり合わない。
しかし、理不思議を経由して戻ってきた視点2では、AやBは、
閉ざされた実体ではなく、あらゆる他のものに対して開かれ
た存在単位と考える。

　例えば、世界にA、B、C、Dの4つだけが存在していると
して、これを視点1と2の二重写しで捉えてみよう。目の前
にAが現われているとき、視点1では、Aそのものが存在し
ている。一方、視点2では、Aの存在は、残りのB、C、Dに
よって支えられて存在している。つまり、AはB、C、Dの
関数のようなものだと考えられる。B、C、Dについても同
様なので、次のように表わしてみる。

　　A（B,C,D）

　B (A,C,D)

　C (A,B,D)

　D (A,B,C)

　このように、それぞれのものの中に他のものが入り込んでいる（相即相入）。A (B,C,D) のカッコ内のB,C,Dも、それぞれ、他の3つの関数と見なせるから、次のように入れ子状に表わすことができる。

　A { B (A,C,D),C (A,B,D),D (A,B,C) }

　この操作は無限に繰り返すことができ、Aの中に世界が無限に繰り込まれていることになる。つまり、視点1では、「1つの砂粒」に見えるものが、視点2では、「全宇宙が含まれる」ということになる。この「全宇宙」には時間が存在しないため、言い換えれば、無限の過去から、無限の未来までの全宇宙が、「1つの砂粒」に繰り込まれ、「1つの砂粒＝全宇宙が含まれる砂粒」となっている。

　華厳の時間を、唯識の時間と同様に、Kumaxで図解すると次のようになる。

図5.3.5 華厳における時間

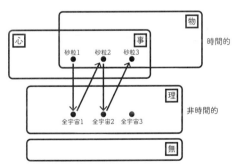

ところで「時間的」と「非時間的」を、どのように捉えたらよいだろうか？　私は、「双六ゲーム」と「双六盤」の関係のようなものだと捉えている。

　双六盤は、双六宇宙における過去と未来を含む全可能性である。私たちは、「双六ゲーム」をしながら、意識をコマに向けたり、双六盤に向けたりしている。コマがたどってきたルートが過去であり、これから進むであろうルートが未来であり、双六盤には、それらが「非時間的」に存在している。私たちは、サイコロを振り、コマを動かし、「非時間的」な双六盤の上で、「時間的」にコマを動かしてゲームをしているのだ。

　コマはつねに「現在」に存在しているが、双六盤に意識を向けることで、過去と未来を含む全体像を一度に把握できる。華厳の時間では、瞬間、瞬間ごとに無限の過去から無限の未来までを含む宇宙全体と往復しながら現象することになり、直前の過去だけの影響で直後の未来が決まる因果関係とは異なり、無限の過去から無限の未来までの、全時間と全空間から影響を受けながら時間が流れていくことになる。

　このような捉え方が、それほど奇想天外ではなくなってきているのが現代である。超弦理論と並ぶ量子重力理論である「ループ量子重力理論」のように「時間は存在しない」ということを主張する理論も現われている。

　「ミクロをマクロに増幅する装置」である生命は、「非時間的」な理不思議を「時間的」な事不思議へと、瞬間、瞬間で増幅して体験しているのかもしれない。だとしたら、生命が、

あたかも「直感に導かれながら未来から学んでいる」ように見えるのも、進化が、「未来から導かれるように変化している」のも、あながち気のせいではないだろう。

　このように考えると、生命論的進化論とは、次のようなフレームで構築されるのではないかと思う。

　　1) 生命を、理不思議のミクロな量子現象と、事不思議のマクロな現象とをつなぐ二重の存在として捉える。

　　2) 時間を、理不思議の「非時間的」な世界と、事不思議の「時間的」な世界との間を行き来する二重性をもつものと捉える。

　　3) 二重性をもつ存在・時間に位置づけられる生命活動は、過去と未来を含む全宇宙の影響を受ける。

　分子生物学は、エピジェネティクスやトランスポゾンが遺伝に関係していることを明らかにしてきたが、これらが量子力学と関連するのであれば、進化と量子力学とを結びつけるリングとなり得るだろう。

　進化論は、私たちとは何者なのかを示す神話の一つである。「ランダムな突然変異」によって偶然に弄ばれ、「自然選択」によって社会から選抜されるのが自然の摂理であるというネオ・ダーウィニズムの神話には、主体的に生きる生命は存在しない。宇宙全体とつながり、過去や未来からも影響されながら、進む道を直感で嗅ぎとって進む生命という新しい神話が、生命論的世界観に生まれれば、私たちの物語が変わっていくのではないだろうか。

5.4. 参加型教育

　機械論的世界観における教育には、主体性や創造性は原理的に存在しない。そこには「自ら進んで部品になる」という「方向づけられた主体性」と、「外発エンジン」によって、それを効率よく行なう教育手法がある。

　生命論的世界観へ転換して初めて、主体性や創造性の居場所が生まれ、それを学びの原動力にした「共創エンジン」について考えることができる。

　第3章で述べたように、参加型教育の本質は、学びの原動力が「外発エンジン」ではなく、「共創エンジン」であることだ。そのためには、「外発エンジン」を回すための要素である檻（＝選択肢の限定）と餌（＝外発的動機付け、アメとムチ）を見直すことが必要になる。

　参加型教育を実現するためには、以下の2つステップが必要になる。

Step1：「外発エンジン」のアンラーニング

　Step1は「外発エンジン」によって身についた習慣を手放すプロセスである。「外発エンジン」で回される中に身を置き続けると、次のような習慣が身についてくる。

・教師や上司などの評価者が求めているものを、最初に把握しようとする。
・現実を、評価に関係するものと、関係しないものに分類して認知する。

・評価に関係ないものをやることは無駄であると感じるようになり、選択肢が狭くなる。
・正解は、評価者が設定する1つだけであり、それ以外は、間違いであると感じる。
・参加者同士の違いを、「誰かが正しくて、あとは間違っている」という正誤として感じたり、「どちらが上で、どちらが下か」という序列として感じたりする。

このような習慣が身についたままで参加型の場に入ると、何をしたらいいのか分からずに困ってしまう。「外発エンジン」に適応した人にとっては、「あなたがやりたいことをやってください」と言われるのが、一番困るからである。

また、「違いから学び合う」のではなく、「違いによる分断」が起こりやすく、対立によって前に進むのが困難になりやすくなる。内面化した超自我による自己否定が起こるからである。

そのため、「外発エンジン」から「共創エンジン」へ切り替わる途中で、カオスが発生することが多い。うまくいかないことを人のせいにしたり、進むべき方向が示されないことにイライラしたり、他の人を否定したり、といったことが起こりやすい。しかし、それを振り返って、対話によって他者の視点から学んだり、内省によって自分の感情の起点を見直したりしながら、少しずつ自己とのつながりを取り戻していくことで、「共創エンジン」が回る土台ができてくる。

「外発エンジン」によって正解主義に陥ると、どんな現象が起こるのだろうか？　そこから抜け出して「共創エンジン」

が回るようになるためにはどうしたらよいだろうか？

　私は、次のように考えている。

　私たちは、それぞれ「自分劇場」という映画を観ているようなものだ。自分劇場に映像が流れると、例えば「この人は私を否定している」というように解釈ナレーションが流れ、解釈ナレーションに沿って感情が動く。本来、人間は多様であるから、同じ映像を見ても多様に解釈するが、画一的な教育は、同じ映像に対して同じ解釈をし、同じ感情が発生するように強いる。

　画一的な教育を受けて、それを内面化すると、違う解釈をしたり、違う感情が発生したりする人がいたときに、その違いに対して、「どちらかが間違っている」「どちらかが序列の上である」という解釈ナレーションが流れ、「あなたが間違っているよ」「あなたの方が格下だよ」と言いたい感情が生じ、その人は、周りから否定されたり、マウンティングされたりする。それを恐れると、周りと同じ解釈ナレーションを身につけ、同じ感情に流されるようにして、周りと同化することで自分を守るようになる。

　このようにして同調圧力が発動して、画一化が加速する。画一的な教育（フォアグラ型教育）は、各自の深いところから湧き上がってくる感情や、それと結びついた解釈を抑圧し、社会システムというフォアグラ生産者の解釈を押し付けてくる。フォアグラ生産者という超自我を内面化させてしまうと、自分の地平を生きることができなくなり、魂が植民地化された状態になる。

　その「暴力」から自分を解放し、自分の深いところから湧

き上がってくる想いや、ありのままの感情を取り戻し、自分らしく世界を解釈して生きるようになることが、「魂の脱植民地化」である。ありのままの自分を受容すると、他人のありのままを受容できるようになり、「非暴力化」される。

では、「魂の脱植民地化」をする教育とは、どのように行なえばよいのだろうか？ 「自分劇場」をKumaxと対応づけて考えてみよう。

図5.4.1 「自分劇場」の掘り下げ

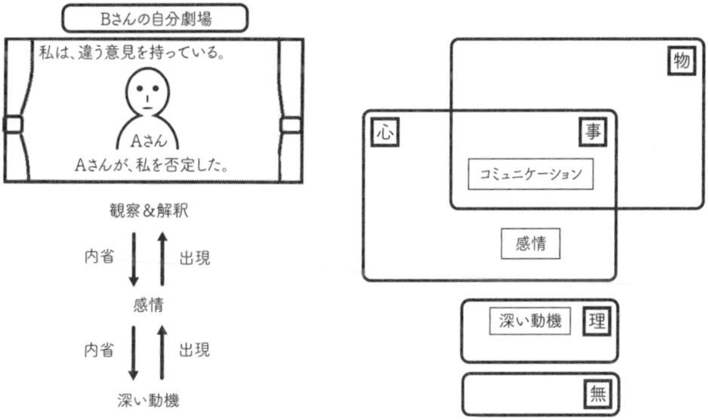

Aさんが Bさんに、「私は、違う意見をもっている」と言ってきた場合を考える。Bさんは、その発言に対して、「Aさんは、私を否定した」と捉え、「悲しい」気持ちになったとしよう。このケースについて、どこに「非暴力化」の手がかりがあるかを考えてみよう。

Aさんの発言は、「私は、違う意見をもっている」であり、「Aさんは、私を否定した」は、Bさんの解釈である。実際に

起こったことと解釈とを分けて、実際に起こったことを見るのが「観察」である。観察することで、自分がどのような解釈をしているのかに気づくことができる。

　次に、その解釈によって、Bさんはどんな感情を抱いたのかを考える。「悲しい」という感情は、なぜ湧いたのだろうか？その感情は、何が満たされなかったから生じたのだろうか？と自分に問いかけ、感情が生じる元になった深い動機（ニーズ）を探ってみる。例えば、Bさんには、Aさんに「理解されたい」という深い動機があったとしよう。それに気づいて、自分自身に対して、「そっか、私は、理解されたかったんだなぁ」と共感するのが、自己共感である。

　充分に自己共感すると、否定的な感情で相手に関わるのではなく、「理解されたい」という深い動機を満たすために、どうしたらよいかを考えやすくなる。「先に、私の話をもう少し詳しく聴いてください」と頼んだり、「どんなふうに意見が違うのか教えてくれますか？」と質問したりと、いろいろな方法が見つかってくる。

　次に、Bさんの提案を受けて、Aさんが自分の意見を話してくれる場合について考える。BさんがAさんの話の聴く態度として次の2つがある。

　　聴き方1：シンパシー
　　　　　　Bさんの「自分劇場」で聴く。
　　聴き方2：エンパシー
　　　　　　BさんがAさんの「自分劇場」を訪問して聴く。
　聴き方1の場合は、自分の解釈パターンでAさんの話を聞くことになるが、聴き方2では、Aさんがどんな解釈ナレーショ

ンで映像を見ているのかを、相手の「自分劇場」の座席に座って、Aさんと一緒に視聴することになる。そこでは、「この映像には、こんな解釈ナレーションがつくのかな？」とAさんに聞くことで、確かめることができる。

Aさんの解釈ナレーションのパターンが分かってくると、そこに感情が伴うようになる。映画を観て感情が動くのと同じ仕組みだ。こうして生じた感情を手がかりに、「こんな気持ちになったの？」と確かめることで、Aさんの「自分劇場」を視聴する精度を高めていくことができる。

Aさんの「自分劇場」を視聴した結果、「Aさんは、私の話を聞いて、自分と違う角度の意見に対して『面白い』という感情が湧いて、自分の意見を伝えることで、私にも『面白い』と思ってほしくて、『高め合いたい』という深い動機から発言したのだ」と分かったとする。そのとき、Bさんには、「Aさんが、私を否定した」という解釈ナレーションを変更する可能性が開かれる。

図5.4.2 相手の「自分劇場」を鑑賞する（エンパシー）

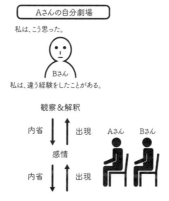

体験が共通していても、Bさんの「自分劇場」と、Aさんの「自分劇場」とでは、解釈ナレーションが異なる。それを体験し、どちらかが正しいわけではなく、多様な捉え方があるのだということを納得すると、解釈ナレーションを柔軟に変更できるようになる。これが、「外発エンジン」による画一化をアンラーニングする第一歩である。

Step2：「共創エンジン」によるラーニングの実践

　次に「共創エンジン」によるラーニングの説明に移る。私は、参加型教育におけるラーニングを次のように定義したい。

＊

　私たちは、深い動機に基づいて世界と関わり、そこで起こる出来事を経験することを通して世界観を構成し、行動パターンを身につけている。経験の蓄積によって生まれた信念体系（メンタルモデル）は、新たな経験を解釈するための基準となる。日々の経験は信念体系に基づいて解釈され、世界観は更新されていく。信念体系に矛盾しない体験は取り入れられ、世界観は拡大したり、精密化したりする。信念体系に矛盾する体験は、信念体系そのものの見直しを迫る。信念体系が見直されると、世界観を構成する方法が変わるので、世界観全体が大きく変化する。このようなプロセスによって、深い動機が満たされるように行動パターン、世界観の構成、信念体系を更新することを、ラーニングと呼ぶ。

＊

　ここで強調したいのは、ラーニングとは、私たちの身体を通して湧き上がってくる深い動機を満たすためのものである

ことである。この前提が、学びの原動力を「外発エンジン」
から「共創エンジン」へとシフトする上での指針になる。

　出来事、行動パターン、構造（世界観の構成）、メンタル
モデル（信念体系）の関係を図示したのが、図5.4.3左の氷山
モデルである。氷山モデルはKumaxで図解できる。

　私たちは、「理不思議」から身体を通して湧き上がってく
る深い動機に突き動かされて、それを満たすために現実世界
で行動し、「事不思議」にさまざまな出来事を発生させている。
また、反対に、「事不思議」で起こる出来事に対して、深い
動機が満たされるように行動したり、解釈したりして対応し
ている。このように考えると、ラーニングとは、「事不思議」
と「理不思議」の間をつなぐ「心不思議」が、深い動機（ニーズ）
をよりよく満たせるように行動面と解釈面の両面から、さまざま
な調整を行なうことと定義できる。

図5.4.3　氷山モデルとKumaxの関係

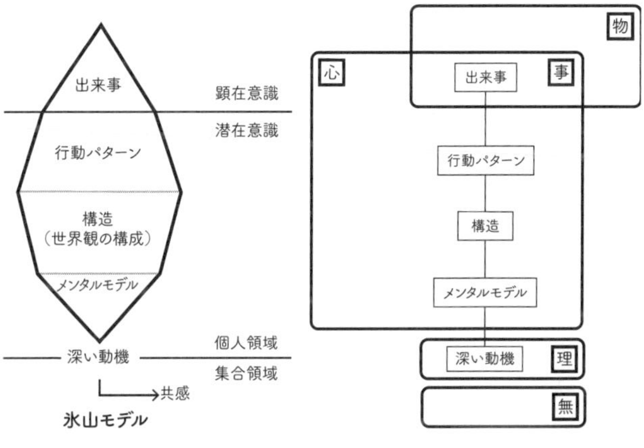

深い動機を満たすために、「心」はどのようにして調整しているのだろうか?　氷山モデルに基づいて図解してみよう。

図5.4.4 氷山モデルと経験学習の関係

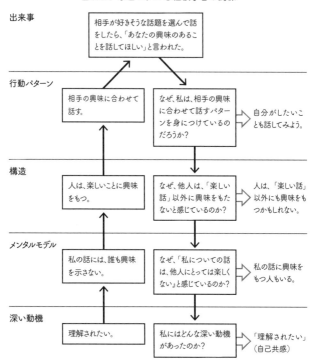

　Aさんが、Bさんの好きそうな話題を選んで話をしたら、Bさんから「あなたが興味のあることを話してほしい」と言われたとする。Aさんは、自分自身の深い動機を満たす出来事が起こるように行動や解釈をどのように調整できるのだろ

うか？

　Aさんは、自分の深い動機を探るために感情に意識を向けたら、「戸惑い」「やりきれなさ」が感じられた。その背後には「理解されたい」という深い動機があったことに気づいた。Aさんは、自分のことを理解してほしいという深い動機があるのに、相手が好きそうな話題を話すという行動をとっていた。自分の深い動機が満たされるように、行動や解釈をどのように変えることができるだろうか？　氷山モデルを上から順にたどって内省を深めてみよう。

　まず、Aさんの行動パターンを振り返ってみる。「自分は、どんな行動パターンをもっているのだろうか？」と考えたら、Aさんは、自分はいつも「相手の興味に合わせて話す」ということを選んでいることに気づいた。

　次に、「なぜ、私は、そのようなパターンを身につけているのだろうか？」と考えたら、Aさんは、「自分が話したいことは、あまり明るい話題ではないことが多いが、人は、楽しいことに興味をもつものだ」というような世界観をもっていることに気づいた。そして、「私が話すことは、他人にとっては楽しくないことだ」と感じていることが多いことに気づいた。

　つまり、「私の話には、どうせ誰も興味を示さない」というメンタルモデルをもっていて、いつも嘆き悲しむ気持ちが、心の奥底に流れていたのだ。

　自分のメンタルモデルに気づいたAさんは、「私の話には、どうせ誰も興味を示さない」というメンタルモデルを疑って、これまで、Aさんの話に興味を示してくれた人がいたことを

思い出し、「私に関心がある人は、私が話すことに興味を示す」というように捉え方を変えた。

すると、世界の捉え方が変わり、「人は、関心がある人の話を聞きたいと思う」「お互いに関心があれば、何を話しても楽しい」という観点から世界観が構成されるようになった。それによって、行動パターンは、「お互いに関心がある人との関係を大事にする」と変更された。

このように、行動パターン、構造、メンタルモデルを振り返って検討し、自分の深い動機を満たせるようにそれぞれを見直して調整していくのが、私の考えるラーニングプロセスである。

実際には、自分独りで行動パターンや、世界観や、メンタルモデルをメタ認知して気づくのは難しい。自分にとっては、それが当たり前で、他の可能性などないように見えるからである。だからこそ、ともに学ぶ仲間の存在が重要になる。自分とは異なる行動パターン、世界観、メンタルモデルをもつ仲間の振る舞いに出会ったときに、自分との違いが明らかになり、お互いに自分を認識できると同時に、自分が選んでいるのとは違う可能性があることに気づく。

そのためには、お互いが「ありのままの自分」を表現し、お互いの「自分劇場」を訪問し、自分とは違う解釈ナレーションを鑑賞することが大事になる。さまざまな違いに触れることで、自分を柔軟に修正できるようになる。

書籍や映画などのコンテンツも、自分劇場から視聴するのではなく、つくり手の「自分劇場」を訪問して鑑賞すれば同様の効果をもつ。自分を相対化するための「異質な他者」と

してコンテンツと出会い、自分の内面世界の可能性の幅を広げていくのである。

　ただし、自分の特徴に気づいたからといって、変えることは簡単ではない。同じパターンを何度も繰り返しながら、少しずつ変わっていくものだ。だからこそ、その変化を励まし合える仲間がいることは心強い。それぞれの深い動機が満たされるように、お互いに支え合っていくことで、ともに生きていく力が育つのである。

　お互いがありのままでいることが、お互いの学びに貢献するということに気づくと、自己受容が進み、多様な深い動機を活力として使えるようになってくる。その活力が場にあふれ、学び合いの渦が回るのが「共創エンジン」である。「共創エンジン」の燃料は、ありのままの自分であることを相互に受容し祝福することで溢れ出す生命エネルギーである。

　このように考えると、ラーニングは、以下の4つの要素から構成できる。

　　1) 結果：行動の結果としての出来事を経験する。
　　2) 省察：他者の視点を参考に内省する。「内省のリソースとしてのコンテンツ」は、他者の視点を増やすのに役立つ。
　　3) 概念化：深い動機がよりよく満たされるように、行動パターン、構造、メンタルモデルを必要に応じて変化させる。
　　4) 試行：変化した自分として行動する。「試行のヒントとしてのコンテンツ」は、行動の参考事例となる。
　これを、サイクルの形で整理したのがコルブの経験学習モ

デルであるが、それを参加型教育に合うように捉え直したのが次の図になる。

図5.4.5 コルブの経験学習モデルと参加型教育

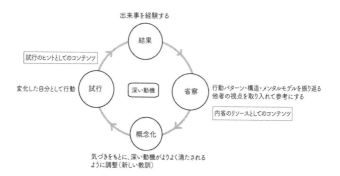

出来事を経験する

結果

試行のヒントとしてのコンテンツ

変化した自分として行動　試行　深い動機　省察　行動パターン・構造・メンタルモデルを振り返る
他者の視点を取り入れて参考にする

内省のリソースとしてのコンテンツ

概念化

気づきをもとに、深い動機がよりよく満たされる
ように調整（新しい教訓）

　参加型教育のファシリテータは、学習者が自分自身の深い動機を、社会の中でよりよく満たせるように、内面を自己調整する力、そして、他者の学びに貢献する力、つまり、ともに違いから学び合い、相互に深い動機を満たし合って生きていく力を育むことを目指す。

　そのために行なうことは、主に次の4つになるだろう。

- 学習者が「ありのままの自分」を表現できるように支援すること。
- 対話と内省の質が高まるのを支援すること。
- 内省と試行を促進するコンテンツを必要に応じて提供すること。
- 「共創サイクル」が回るように、学びのプロセス全体を見守ること。

5.5. 参加型メディア

　参加型メディアを50年以上にわたって追求してきた橘川
幸夫さんは、「メディアは、人と人とのあいだ（medium）を
つなぐものであり、物理メディアと情報メディアに分けるこ
とができる」と言う。

　部屋の中で2人が会話しているとき、2人の間にある物理
メディアは空気である。空気が音波を伝えることで、お互い
が声を聞くことができる。声を意味として理解するための情
報メディアが言葉である。音は、言葉というコミュニケーショ
ンプロトコルによって意味へ変換される。

図5.5.1　情報メディアと物理メディア

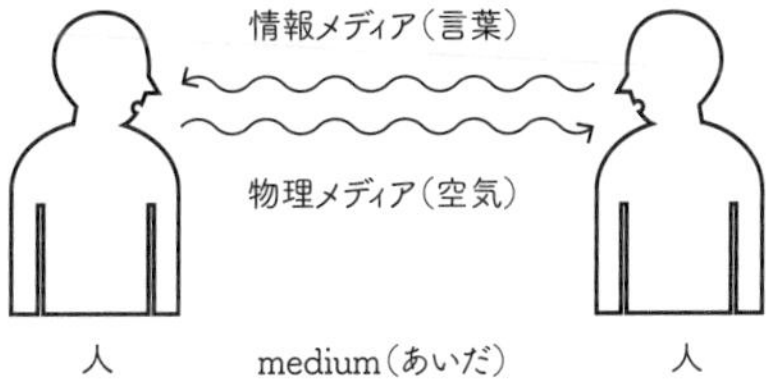

情報メディア（言葉）

物理メディア（空気）

人　　　　medium（あいだ）　　　　人

　Zoomで会話する場合はどうだろうか？　パソコンやスマー
トフォンのカメラやマイクを通して入力された映像や音声は、
デジタル信号へと変換されてインターネット回線を通して相
手に届き、再び端末で映像や音声へと変換される。端末と端
末とをつなぐWi-Fi、インターネット回線、サーバなどが物
理メディアだ。一方、画面に並ぶ多数の顔を見ながら、さま

ざまなやり方でコミュニケーションをとるが、そこでは、話す人にスポットライトを当てたり、チャットに書き込んだり、小グループに分けたりというように、Zoomというソフトウェアの機能に依存したさまざまな工夫がなされる。そのような工夫を含むコミュニケーションのプロトコルが、情報メディアとなる。

例えばVR（Virtual Reality）では、3D空間の中に自分の分身であるアバターが存在する。アバターと自分が一体化した世界観では、物理メディアは、アバター同士の間にある仮想デジタル空間であり、情報メディアには、アバターの身体表現という要素が加わる。

つまり、参加型メディアとは、物理的メディアが何であれ、人と人とのあいだのコミュニケーションの在り方を「参加型」にするということである。「参加型」の本質は、当事者のありのままの実感や体感を、お互いが直接に伝え合い、聴き合い、学び合うことである。

1978年に創刊された参加型メディアの元祖『ポンプ』は、全誌面が投稿で埋め尽くされた月刊の投稿雑誌であり、投稿を読んだ読者が編集部へ投稿し、その一部が、翌月の雑誌に掲載されるというものだった。読者たちは、誌面を通して直接に知り合い、全国でニュートーキングパーティ（NTP）というオフ会を開いて交流を広げていった。

『ポンプ』は、紙という物理メディアの上で展開したコミュニケーションの在り方が「参加型」であったから「参加型メディア」だったと言える。その後に出てきたニフティサーブのフォーラムなどのパソコン通信や草の根BBSの物理メディアは電

話回線とサーバーであり、現在のインターネット掲示板や
SNSの物理メディアはインターネット回線である。

　物理メディアは、テクノロジーの発展によって変わってき
たし、これからも変わっていくだろう。情報メディアも、さ
まざまな端末やソフトウェアの開発によって変わっていくだ
ろう。どんな変化があっても、変化に応じてコミュニケーショ
ンの在り方が「参加型」であれば、それは、「参加型メディア」
なのだ。

　「参加型」の本質を掘り下げるために、先に「参加型では
ないメディア」について考えてみよう。例えば、マスメディ
アは、テレビ局や新聞社など少数の発信者と大多数の受信者
からなるという1対多のコミュニケーション形態で、少数の
発信者が、コミュニケーションのプロトコルを決定する。こ
れは、教室において教師だけが話し、生徒が黙って聞いてい
る構造と相似形である。

　このようなコミュニケーションのプロトコルを用いて、中
央集権的国家は、画一的な教育とマスメディアによるプロパ
ガンダを行ない、標準化された「均質な大衆」を形成する。
標準化することで、大衆を「外発エンジン」で支配しやすく
できるからだ。

　教育とマスメディアによる一方的な情報の押しつけによっ
て、外部からの刺激に対して、予想通りの反応パターンを示
す「均質な大衆」が形成される。広告代理店は「均質な大衆」
の反応パターンを調査し、求める反応が得られるようにさま
ざまな仕掛けを行なう。大量生産・大量消費は、均質な大衆
の単純な反応パターンによって支えられてきたともいえる。

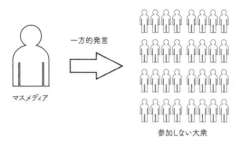

図5.5.2 マスメディアと「参加しない大衆」

一方的発言

マスメディア

参加しない大衆

　インターネットの登場で一般の人がアクセスできる情報が
多様化すると、人々の関心が多様化して「均質な大衆」がば
らけた。そのため、従来のような単純な反応パターンに基づ
く成功法則が成り立たなくなってきた。その代わりに登場し
たのが、プラットフォームが個人の行動データをビッグデー
タとして収集し、AIによって分析し、細かくカテゴリ化さ
れた対象に対して、最適化したコンテンツを配信するという
手法である。

　人々は、FacebookなどのSNSなどに無料で「参加する」代
わりに、Facebookに行動データを提供する。Facebookは、ビッ
グデータをもとにAIのアルゴリズムを成長させ、反応率の
高い広告モデルをつくり、広告主から収益を得る。Facebook
は、広告媒体としての価値を高めるためにユーザーが
Facebookにアクティブに参加するように工夫を凝らす。例
えば、ユーザー間の交流で相互に報酬系が回るように、ウォー
ルに表示される内容を最適化する。私たちは、油断すると
Facebookが仕掛けてくるイベントに反応して、「参加している」

つもりが、気づかないうちに「参加させられる」ことになっていたりする。

図 5.5.3　AI 時代のプラットフォーム

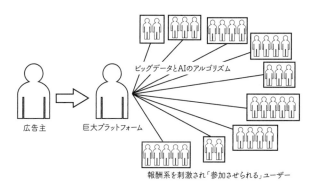

参加型メディアは、人と人とが直接、対等につながり合うコミュニケーションの在り方によって成り立つ。参加者は、発信と受信を同様に行ない、お互いに出会うのだ。このような双方向のコミュニケーションは、広い意味での参加型教育であり、魂の脱植民地化プロセスである。他者との深い交流は、社会から条件づけられた反応パターンから抜け出すことを助け、一人ひとりが、深い動機から行動を起こし、周りと共創して生きるためのきっかけを与える。

「均質な大衆」であることや、さまざまな形で仕掛けてくるイベントへ反応することに違和感をもった人たちは、コミュニケーション欲求をもつ。東日本大震災後、社会システムに違和を感じて海外移住した私も、自分と同じように感じてい

る人をインターネットで検索しまくっていた。「均質な大衆」であることに違和感をもつと孤独になる。みんなと同じように感じない自分がおかしいのではないかと思う。だからこそ、自分のありのままの実感を発信して誰かが受信してくれたり、共感できる誰かの発信を受信したときの喜びは大きい。

　「自分だけではなかったのだ！」「ここに、私と話が通じる人がいる！」と実感すると、ありのままの自分で誰かとつながりたいという深い動機が満たされ、喜びが生まれる。そして、社会に適合して生きるために仮面をかぶって自分を偽るのではなく、ありのままの自分として社会に参加してもよいのだと、未来に希望が湧いてくる。この喜びや希望が、参加型メディアをドライブする原動力になる。

　一斉配信のマスメディアと、受信者同士が直接つながる参加型メディアでは、コンテンツについての考え方が異なる。マスメディアでは、コンテンツの品質が重要になる。品質の基準は「均質な大衆」の反応率である。そのため、反応率が高いコンテンツのつくり方に習熟したプロフェッショナルがコンテンツをつくり、大衆に向けて一斉配信する。素人のコンテンツは、プロによって品質を判断され、一定レベル以上の品質になるように修正されてから配信される。その過程で、素人の実感はそぎ落とされ、プロフェッショナルの品質の基準にはめ込まれる。それに対して参加型メディアでは、ありのままの自分を表現し、それを受けとってくれた誰かと、ありのままの自分として関係性をつくることができるかどうかが何よりも重要である。

橘川さんは「手紙にはクオリティは関係ない。嬉しいか悲しいかだ」と言う。そこでは、品質よりも実感が大切になる。ありのままの自分であることに、外部から設定されるプロフェッショナルの品質の基準は関係ない。だから、発信する側と受信する側とが直接つながることが重要になる。

「均質な大衆」の画一性からはみ出した部分は多様である。だから、身近な交流関係の範囲では、表現しても分かってもらえないことも多い。しかし、その表現が参加型メディアを通して数千人、数万人に共有されれば、共感的に受け止めてくれる誰かと出会う可能性がある。自分の大切な部分を共感的に受け止めてくれる誰かとの出会いは、かけがえがないものだ。そこでは、「反応率」という統計は意味をなさない。心を揺さぶられた誰かが「受け止めたよ」と声を上げる行動を起こし、縁起によって知り合うかどうかが大事なのだ。

自分の興味があるテーマについて語り合える仲間ができると、切磋琢磨して探究が進み、その方向に突出していく。それは、自己実現するための大事な手がかりとなる。

参加型メディアは、「共感的な仲間」と出会う機会であると同時に、「異質な他者」と出会う機会でもある。私たちは、「異質な他者」と出会うと、「自分劇場」の解釈ナレーションに、異なる解釈可能性があったことに気づく。「異質な他者」の視点から世界を見ることで、世界を異なる角度から捉えることができる。その結果、自分自身が「均質な大衆」として身につけた思い込みや反応パターンから自由になり、ありのままの自分を、よりはっきりと感じとりやすくなる。

身近な関係性の中で、「異質な他者」と出会う機会は限ら

れている。また、表面的なコミュニケーションでは、異質性に気づくことは難しい。多様な人たちが、ありのままの自分を表現し合う参加型メディアにおいて、私たちには、「異質な他者」と交流する可能性が開かれるのだ。

参加型メディアは、出会いの機会を与えるが、それを活かして交流するか否かは、各自の自由だ。投稿雑誌『ポンプ』の時代には、「参加型メディア」で出会った人たちが、地域ごとに集まってリアルで交流を深めた。誰かに参加させられるのではなく、自分たちで集まって交流して、関係性を育むところに「参加型」の本質がある。

インターネットが発達し、地域を超えて人々が常時接続している現在では、リアルで会う以外にも、ZoomやVRなど交流の形態が多様になると同時に、出会いの場と交流の場が交じり合う。つまり、参加型メディアとオンラインコミュニティとの境界があいまいになり、新たな参加型の可能性が生まれている。

2020年にスタートした「自己組織ディベロップメント」は、出会いの場（Webメディア）、交流の場（Zoomダイアログコミュニティ）、ビジネス（リモートプロジェクト）の3つを統合した参加型メディアに挑戦している。3つの活動は、次のように関係し合っている。

1) Webメディアでは、自己組織化に関連した活動をしている人へのインタビューや対談記事、活動報告などを紹介する。

2) Facebookグループ「自己組織化ダイアロググループ」では、自己組織化に関心をもって集まってきた参加

者が記事についてのダイアログを自主的に開催する。ダイアログは、1人5分ずつ感想を述べ合った後に対話する未来フェス方式で行ない、録画をグループ内で共有する。ダイアログを通して得られた気づきは、記事にしてWebメディアで発信する。

3) 自己組織化関連の仕事依頼に対して、「自己組織化ダイアロググループ」を含むオンラインでの交流を通して知り合った人たちとプロジェクトチームを結成する。プロジェクトチームの成果は記事にして、Webメディアで報告する。

これを、第4章で説明した次世代コミュニティ生成運動として捉えると、学び2.0と学び1.0とを行き来して統合する学び3.0として捉えられ、次のように図示できる。

図5.5.4 自己組織ディベロップメントのコミュニティ生成運動

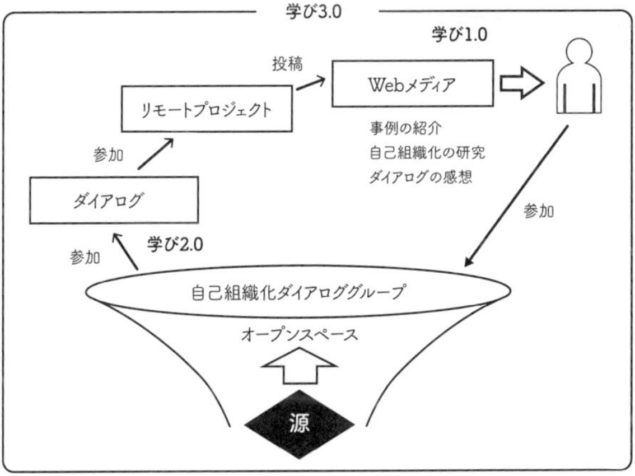

「自己組織ディベロップメント」におけるWebメディアの役割は、未来の仲間に対する呼びかけである。事例紹介や研究記事はクオリティを追求し、ダイアログの感想はリアリティを大事にする。Webメディアを読んで心を動かされた人たちが、「自己組織化ダイアロググループ」というオープンスペースに参加することで、コミュニティの多様性が維持され続け、新しい出会いが生まれ続けるのだ。

5.6.　参加型貨幣

　貨幣を参加型にするとは、現在の資本主義社会において「外発エンジン」の報酬に使われることが多い貨幣を、「共創エンジン」を回すためのツールとして再発明することである。貨幣のもつ支配力が、社会システムの中でどのように発生しているのかを捉え、その支配力を弱めて、違う次元で活用する方法を検討したい。その検討は、「外発エンジン」の内部構造を解明することでもある。

　ここでは、柄谷行人が『世界史の構造』の中で説明している「4つの交換様式（経済的下部構造）」を手がかりにして、貨幣のもつ支配力が生まれてきた歴史的背景を考察する。柄谷は、交換様式Dを、友愛を土台にして自由と平等を両立させるものと捉え、まだ出現していないためXで表わしている。柄谷の交換様式タイプを自分なりに読み替えて、X＝参加型としてまとめたのが表5.6.1である。

表5.6.1　交換様式の分類

交換様式タイプ	交換の構造	自由／平等／友愛	近代の社会構成体
A（互酬）	贈与と返礼	拘束／平等／友愛	ネーション
B（略取と再分配）	支配と服従	拘束／不平等／分断	国家
C（商品交換）	貨幣と商品	自由／不平等／分断	資本
D（参加型）	共創エンジン	自由／平等／友愛	参加型社会

　はじめに、柄谷に倣って、友愛と分断の関係をマルティン・ブーバーの「我と汝」と「我とそれ」を用いて説明する。

　ユングの心の構造に対応させると、「我と汝」は、集合的無意識を通してつながり合っている「私」と「他者」との間に発生する、自他非分離の感覚に根差していると言えるのではないだろうか。集合的無意識の非時間性を考慮すると、他者には、現在を共有している「生きている他者」だけでなく、「過去の他者（死者）」や、これから生まれてくる「未来の他者」も含まれることになる。

図5.6.1　「我とそれ」と「我と汝」

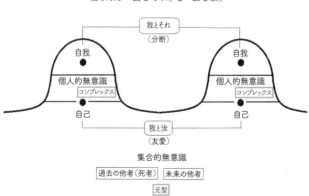

この枠組みを用いて、交換様式Ａ「贈与と返礼」の起源を捉え直してみよう。

　遊動的狩猟採集民は、亡くなった家族を埋葬して去るため、死者との結びつきが希薄である。一方、定住化すると、居住区域に墓地が存在することになり、死者との結びつきが強まる。集合的無意識を介して、死者の霊とつながったところから先祖信仰が生まれたのだろう。また、先祖を共有する血族との間の自他非分離な感覚も生まれ、氏族社会へと発展したと考えられる。

　柄谷によれば、氏族社会における神官の役割は、生きている人間のために、先祖の霊を制御することである。先祖の霊にお供え物をして返礼を引き出すことで制御するのだ。贈与と返礼は、あちらとこちらに友好な関係を結ぶと同時に、相手の行動を束縛する力をもつ。これが、「互酬の力」である。

　先祖信仰に基づく氏族社会内の友愛による結束は、同時に、同じ先祖をもたない他の氏族社会との間の分断と対立の原因となる。戦いを避ける手段として、先祖の霊との関係に用いられていた「互酬の力」が、氏族社会間にも転用され、相互に束縛することによって平和を維持し、緩やかに連帯してネーションを形成する。

　「互酬の力」は、1つの氏族社会が他よりも優越することを抑える。また、互酬によって生まれた友好関係をもとに商売が可能になり、氏族社会間で商品交換が行なわれるようになる。

図5.6.2 ネーション

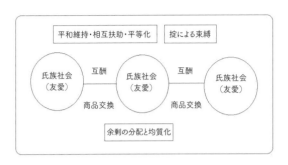

「互酬の力」の源は、「贈与と返礼」の掟を破ると呪いや祟りに遭うという怖れである。氏族社会における個人は、共同体を離れては生きていけないため、共同体の掟に束縛される。

技術の発展により武器の攻撃力が増してくると、ある氏族社会またはネーションが、他を暴力によって侵略して併合し、支配することが可能になる。その結果、国家が形成される。

国家の形成原理は「支配と服従」であり、背後にあるのは、暴力に対する怖れである。横並びの関係で行なわれる交換様式A「贈与と返礼」とは違い、国家における交換様式B「支配と服従」は、支配する側とされる側という縦の関係において、「暴力からの保護」と「服従」とが交換される。

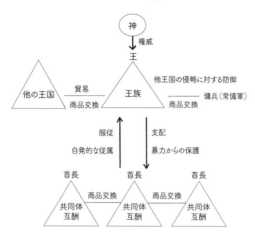

図 5.6.3 国家

　暴力に対する怖れによって服従すると、服従した人間の内
面には自己嫌悪が生じ、それが新たな暴力衝動を生み、内乱
や反乱が起こりやすくなる。

　王国を維持するには、王に対して民衆が自発的に従属し、
暴力衝動が国外へ向かう仕組みが必要となる。そのために用
いられるのが、王を神と同一化させるイデオロギーであり、
民衆が王の権威を「超自我」として内面化する画一的な教育で
ある。この仕組みによって、無意識領域の「元型」が作動し、
王と民衆の関係が「家族の父子関係」として、民衆同士は「家
族の兄弟姉妹関係」として物語化されるようになる。

　王と民衆の1対多の縦関係を強めるために、共同体間の互
酬は禁じられて横の連帯は分断される。その代わりに、王国
の保護の下での商品交換が活性化する。

　時代とともに、交換様式C「貨幣と商品」が増加し、工業化が進むと、農村共同体に束縛されていた個人は都市に出て、自らを「労働力商品」として国家や資本家に販売し、俸給として貨幣を得るようになる。

　個人は、自分自身の労働力を商品化し、契約によって貨幣と交換して生きることで農村共同体の束縛から自由になる。しかし、その一方で、農村共同体の互酬から切り離された都市労働者は、商品交換に依存する消費者になるため、「貨幣の力」に服従する。都市労働者は、貨幣がないと生きていけないのだ。

　労働者＝消費者という構図は、商品の循環構造をつくる。分業や協業によって生み出された余剰価値は、資本家に「貨幣」として蓄積される。資本家が、新たな労働力商品を購入すると、商品の循環構造が強化される自己増幅サイクルとなる。その結果、農村共同体から都市への人の流出が加速して都市の労働者が増加し、「貨幣の力」が増大していく。

図5.6.4　農村共同体から都市への流出

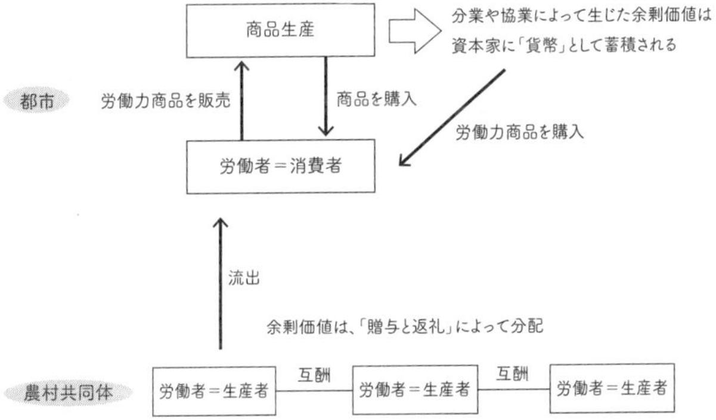

都市
　商品生産
　　分業や協業によって生じた余剰価値は資本家に「貨幣」として蓄積される
　労働力商品を販売　商品を購入
　　労働力商品を購入
　労働者＝消費者

　　流出

　　余剰価値は、「贈与と返礼」によって分配

農村共同体
　労働者＝生産者　互酬　労働者＝生産者　互酬　労働者＝生産者

国家や資本家は、貨幣と労働力とを交換する「自発的な契約」によって労働者を支配することができる。労働者＝消費者も商品を購入することによって、サービスを受ける（サービス提供者＝労働者を支配する）ことができる。労働力が商品化した結果、本来は、商品交換のための媒体だった貨幣は、「契約によって相手を支配する力」をもつようになり、支配力を志向する人たちが貨幣を蓄積しはじめる。

　農村が解体されて労働者が増えると、支配構造が、王の権威による共同体の支配から、「貨幣の力」による労働者の支配へと移行する。それに伴い、国の構造が、王国から国民国家へと移行する。「貨幣の力」によって労働者を支配する社会システムを実現するのが官僚制である。

　官僚制は、ヒエラルキー構造の上位から下位へ俸給に差をつけ、上位に服従すれば昇給できるシステムである。このシステムは、「貨幣の力」によってあらゆる階級の人を上位へ服従させることを可能にする。

　王が占めていた支配者の地位は、政府と司法によって置き換わり、王に権威を与えていた神の代わりに、「資本」が国家へ「貨幣の力」を与えるようになる。国家は「貨幣の力」が有効に働くように法律と司法を整備する。

　こうして、人格をもたない「国家」へ人々が服従する仕組みができる。

図5.6.5　資本

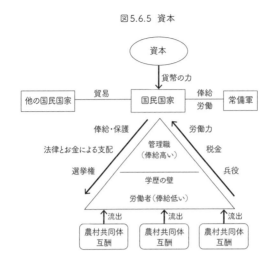

　王国の「父子関係」の物語に代わり、民主国家は人々に法の下の平等と選挙権を与え、「国民主権」という物語をつくる。民主国家の国民は、他国の攻撃から「私たちの国」を守るために国民軍を結成する。

　貨幣経済が発展することにより、農作物などの生産品もすべて「商品」と見なされるようになる。労働力が都市へ流出したことで農村共同体の解体が進み、互酬による連帯と平等化が弱まる。一定の自由を得た個人は、ヒエラルキー構造における地位と俸給をめぐる競争を行ない、個人は分断し、不平等が拡大していく。

　都市の商品文化が農村共同体へと流れ込んできて、農業の目的が、自給自足的な生産から「貨幣」を得るための労働へ変わると、農業労働が商品化されて互酬の原理が働かなくなり、

「貨幣の力」への服従が進む。その結果、農作物は「商品」と見なされるようになり、自給的な多品種少量栽培から「高価な商品」となる品種の大量生産へと移行する。化学肥料と農薬を購入し、生産された「商品」を販売することで利益を得るという工業的な農業により農村の自然が破壊されていく。

　マレーシアの首都・クアラルンプールの郊外は、かつては熱帯雨林だったが、現在は、見渡す限りパームヤシが植えられ、パーム油という「商品」が生産されている。均質化された植生によって発生する虫害を防ぐために大量の農薬が使用され、環境負荷が大きくなっている。そこでは、資本家が労働力商品と土地を安価に購入してパーム油を生産し、先進国へ輸出して利益を得るビジネスが行なわれている。同様のことが新興国を中心に各地で行なわれ、自然環境の破壊と引き換えに、資本家に貨幣が蓄積されている。

　都市に出た人間が「労働力商品」となった結果、「貨幣の力＝契約によって人間を支配する力」が増大した。あらゆるものが商品化され、貨幣なしでは生活できなくなり、貨幣に対する服従の度合いが増してきた。支配力を志向するものが貨幣を蓄積し、貧富の差が拡大してきた。

　また、2度の世界大戦や紛争、冷戦構造によって新たな勢力が生まれた。国家が存続するためには、他国との戦争や紛争に勝たねばならないが、それには多額の軍事費が必要となり、戦後の復興にも多額の予算が必要となる。国家にお金を貸し付ける国際金融資本、武器を生産・販売する軍産複合体、新興国と先進国の所得格差によって利益を得る多国籍企業は、国家予算を超える規模の貨幣を蓄積し、国家や主要メディ

アに圧力をかけることが可能になった。

また、「貨幣そのものを商品化する」金融経済によって、貨幣が自己増殖するようになると、「富める者はますます富み、貧しいものはますます貧しくなる」という構造が加速した。「貨幣の力」が暴走した結果、図5.6.6のような構造が生まれた。

「貨幣の力」が、地球の自然環境破壊と人間の内面の自然の荒廃をもたらし、人類の持続可能性が危うくなってきたのが現代であると思う。

図5.6.6 行き過ぎた資本主義

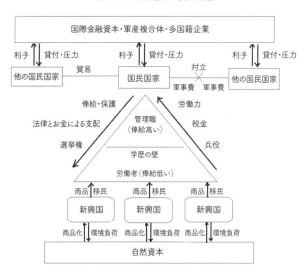

柄谷は、交換様式Dは、交換様式A「贈与と返礼」の高次元での回復であり、それが出現する初期には、普遍宗教が現われるという。普遍宗教は、超越的であると同時に内在的で

あり、純粋贈与によって個々人のアソシエーションとしての相互扶助的な共同体をつくり出すことを目指すのだという。

これは、何を意味するのだろうか。

交換様式A「贈与と返礼」は、先祖の霊を媒介とした「我と汝」的な連帯意識を前提として成立していた。また、共同体の掟が強制力をもつ背景には、共同体に依存しなければ生きて行けなかった状況があった。共同体の束縛を断ち切った労働者は、それと引き換えに「貨幣」に依存することになった。それらを踏まえたうえで、交換様式A「贈与と返礼」が高次元で回復するためには、次の2つが重要になるだろう。

1）共同体や貨幣への依存から自立する

2）人類全体、または地球生命体全体への連帯意識の拡張

まずは、1）から考えよう。私は、共同体や貨幣への依存から自立するためのカギは、情報化社会にあると思う。東南アジアのカフェでは、デジタルノマドと呼ばれるフリーランスをよく見かける。彼らは、自由に旅しながら、ノートパソコンからインターネットにアクセスして仕事をしているのだ。デジタルノマドは、情報化社会に登場した遊動的狩猟採集民である。

2011年から完全リモートワークへと移行した私は、デジタルノマド的な働き方を5年間続けた後、自分に染みついた「貨幣の力」への服従意識を振り払うためにペイフォワードの試みを1年間繰り返した。その後、2017年に純粋贈与の意識に基づいて相互扶助的に活動する組織「与贈工房」をオンラインに立ち上げた。これは、今から思えば、情報化社会に「定住」を試みたということだったと思う。組織内部では、比較的、

贈与の意識で循環したが、組織外部とは「貨幣」による商品交換になるため、パラダイムの矛盾を抱え込むことになった。

　また、組織への所属意識が生まれると、「このメンバーで何がやれるのか？」というように発想が内向きになっていき、それと同時に、組織への依存度も高まってきた。リアルの組織と同じことをオンラインで再現した結果、リアルの組織が抱える問題を同じように抱え込むことになった。オンラインだからこそ、の可能性を追求すべきだったのだ。

　では、その可能性はどこにあるだろうか？

　自立を「独りで生きていける」と定義するのではなく、「多くの依存先があることで、特定の人や組織に依存しないで生きていける」と定義すると、組織や共同体から自立するとは、多くの人、組織、共同体に依存し、特定の組織や共同体に依存しないということになるだろう。

　それは、農業において、商品価値の高い単一品種を栽培するのではなく、多品種少量栽培をするということに対応する。リアルでは、複数の組織に所属することは難しいが、仕事がオンライン化すると、ある組織のミーティングを終えた直後に、別の組織のミーティングへ参加するということが簡単にできる。個人と個人の直接の関係性をベースにした信頼関係のネットワークを土台にして、多様なプロジェクトに参加することで、特定の組織や関係性に依存しないで、多くの関係性に依存して生きていくことが可能なのだ。

　これが、情報化社会において出現しつつある、組織と個人の新しい関係性ではないか。情報化社会だからこそ成立する

新しい「所属」を、「多層的な所属」と呼ぶことにする。「多層的な所属」は、関係性が閉じないため、「共同体の掟」による束縛が生じにくい。情報化社会では、「多層的な所属」によって、所属しながらも、層を移り変わることができ、開放系の組織を新たな形で実現できるのだ。

図5.6.7 多層的な所属

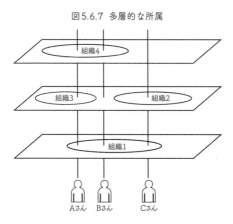

「多層的な所属」が実現する世界では、各人が自分の深い動機（ニーズ）を満たすために、「組織＆コミュニティ・ポートフォリオ」を組むことになる。例えば、生活費の安い地方に住んで、小規模農業で食糧生産をし、地域のコミュニティと関わる一方で、リモートワークで国内外の複数のプロジェクトに関わる、といった暮らし方が可能になる。自分や家族の状況が変わるにつれて、「組織＆コミュニティ・ポートフォリオ」の構成を変え、深い動機（ニーズ）が、よりよく満たされるように調整していく。これは、社会に設定されたカテゴリに自分をはめ込んでいく生き方から、自分らしく生きるために、自分の中

に社会を内包していく生き方へのシフトである。石丸弘さんは、このシフトを「カテゴリからタグ付けへ」と表わしている。

「多層的な所属」によって組織内の関係性が開放系になり、人間関係が流動的になると、「共同体の掟による返礼」が約束されなくなる。その状況で、純粋贈与が起こるためには、「我と汝」の関係性が拡大することが必要になる。「我と汝」の意識は、その外部との間の対立も生み出す。例えば、共通の先祖の霊に対する先祖崇拝に基づく「我と汝」は、氏族内に限定され、他氏族と対立する。国家の宗教やイデオロギーによって生まれた「我と汝」は、ナショナリズムに転じて他国と対立する。

柄谷は、血縁や民族に限定されない「我と汝」の意識が生じるのが普遍宗教だという。「超越的で内在的」に当てはまるものの例は、仏教における「無」である。世界の存在そのものと自分自身の一体感から生じる全体性の意識から、さまざまな可能性を各々が分担して追求していると捉え、お互いが自分の代わりにやってくれていると心から応援するようになれば、純粋贈与による循環が生まれるのだと思う。

図5.6.8 普遍宗教

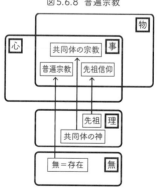

本書の執筆中にVRゴーグルを購入した。3D空間に没入する体験から、新しい可能性が生まれるだろうと思った。そして、その体験を、これからの時代を生きる子どもたちと共有したいと思い、以前から応援している気仙沼のフリースペース「つなぎ」にVRゴーグルをプレゼントした。子どもたちの可能性がVRによって広がるならうれしいと思った。プレゼントしたこと自体で自分の気持ちが満たされた。

　その後、「贈与によって満たされる気持ち」を感じる機会を他の人にも贈与したいと思い、Facebookで「1口1,000円で一緒にプレゼント主になりませんか?」と呼びかけたところ、20名以上の方がプレゼント主になってくれた。最初、彼らはペイパルや銀行振り込みでお金を払ってくれたのだが、手数料がもったいないので、「つけ」でよいことにした。その場で清算する法定通貨よりも、関わりが継続する「つけ」の方が、贈与による関係性が育まれると思ったからだ。

　そこで、Googleシートに「つけ」の台帳をつくり、贈与したときの気持ちや、受けとったときの気持ちを記入する欄をつくった。プレゼント主の1人が、「これは、仮想通貨ってことだよね」と言いだして、その台帳に、仮想通貨「ターラ」という名前がついた。フリースペースにVRゴーグルをプレゼントし、プレゼント主を募ったことで、子どもたちには20名以上の応援団ができた。その人たちのほとんどは、まだ、リアルでは会ったことのない人たちだ。

　仮想通貨は、コミュニケーションを促進し、関係性を豊かにするため、コミュニティ内のやりとりに向いている。そのやり取りを通して、顔の見える関係性が育つ。法定通貨か、

仮想通貨か、という発想ではなく、それぞれの特徴を活かして通貨ポートフォリオを組むのがよいのだろう。その中に「多層的な所属」で関わっているコミュニティの仮想通貨を組み込んで、多様な貨幣に依存するようになれば、「貨幣の力」から自立しやすくなる。そこから「贈与と返礼」を高次元で回復する可能性が生まれるのかもしれない。

　人と人とがありのままの自分を表現して出会い、深いところでつながり合っていると感じれば、他人の痛みは自分の痛みであり、他人の喜びは自分の喜びである。それぞれが、深い動機（ニーズ）を満たすために贈与すると、集合的無意識の「元型」のはたらきによって、場にドラマが展開しはじめる。そのドラマが、贈与した各自の深い動機（ニーズ）に意味を与えて、「贈与した甲斐があった」という喜びが生まれる。これを、交換様式として捉えると、「個人」と「参加型の場」との間で、「ありのままの存在の贈与」と「存在の意味」とが交換されていると言える。これが、私の考える交換様式D「参加型」であり、この交換によって回る循環が「共創エンジン」である。

図5.6.9　参加型の場

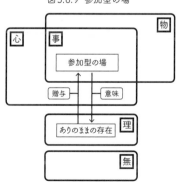

225

コミュニティ内で「共創サイクル」が回り、それが、「多層的な所属」によって外部と重なり合っていくと、コミュニティ生態系が広がっていくだろう。その結果、「ありのままの存在の贈与」の循環によって緩やかな連帯と「自由の相互承認」が回復していくだろう。情報化社会におけるコミュニティ生態系は、地理的・政治的な国境をなくして広がっていく。その動きが、「貨幣の力」の暴走によって荒廃した地球環境と人間の精神を回復する力になるはずだ。

5.7.　参加型組織

　組織の本質は、分業や協業によって、全体が部分の総和以上になることである。生命は、ひとりでに組織化する能力＝自己組織化する能力をもっている。自己組織化によって、細胞が組織化して多細胞体になったり、生物個体が組織化して生態系になったりしている。人間は、生命として自己組織化する能力と、ロゴス的な知性によって道具を造る能力とを兼ね備えた存在である。

　資本主義社会における官僚型ヒエラルキー組織とは、ロゴス的な知性が機械を製作するのと同じやり方でつくられた組織である。そこには、機械を動かす人（＝資本家）と、決められた通りに動く部品（＝労働者）との分断が存在し、労働者は、決められた通りに動く対価として「貨幣」を受けとる。組織への従順さと引き換えにヒエラルキーの階級と俸給が上がり、部下を「支配する力」をより多く手に入れることができる。

　「貨幣」を多く手に入れるほど、資本主義社会の中で、他

の組織が生産する商品やサービスを購入する消費者としての自由を得る。これら全体が「外発エンジン」となって、行動が外部から条件づけられる。さらに、労働者が「フォアグラ型教育」によってヒエラルキー組織の上位を「超自我」として内面化すると、「自発的に服従」するようになり、「外発エンジン」が強化される。

官僚型ヒエラルキー組織では、労働者が、人間のもつ主体的で創造的な自由を明け渡し、組織から「他者を支配する力＝地位」や「商品を購入できる力＝貨幣」を受けとるという交換が行なわれているのだ。

組織を参加型にするとは、全体（組織）と部分（個人）の関係を捉え直し、「共創エンジン」を中心に据えた組織を再発明することである。それは、人間が本来もっている生命としての自己組織化能力を活用するということであり、自然の摂理に立ち返ることである。そのためには、部分（個人）と全体（組織）との関係を「服従と支配」から、「ありのままの存在の贈与―存在の意味」に変える必要がある。

地位と俸給による外発的動機づけが起こらないようにするための、官僚型ヒエラルキー構造を解体する方法を考える。自由、平等、友愛の序列によって2通りのやり方が考えられる。

平等＞友愛＞自由とすると、組織メンバーの平等性が最上位になり、フラットな組織になる。官僚型ヒエラルキー組織では、「違い」に対して「正解or間違い」「序列の上か下か」という認知になりやすいが、フラットにすることで上下関係がなくなる。平等性を優先するため、「誰の意見も等しく尊重す

る」ことになり、多様な意見が共存しやすくなる。特に、ヒエラルキー組織では圧殺されがちだったマイノリティの声が表出しやすくなり、「異質な他者」と対話する機会が増え、その視点を取り込むことで考えの幅が広がっていく。互いを尊重する組織文化を共有することで連帯が生まれて「友愛」が育っていく。多様な視点を持ち込むことで集合知が生まれれば、価値創造や品質の向上を実現できる。組織が個人を尊重し、個人が組織に奉仕することによって支配─服従ではない関係が構築され、良好な人間関係をベースに協働することができる。

　一方で、意志決定の平等性を担保しようとすると、多くの人が関わることになって意志決定に時間がかかり、変化の激しい状況での組織運営には適さない。また、フラットな組織は、「我とそれ」の関係を維持したまま、ヒエラルキー組織の上下関係を否定しているため、組織メンバーの「能力差」が表面化すると、「序列による上下関係の否定」とぶつかってしまう。そのため、「低い能力のサポート」は起こりやすいが、「高い能力の活用」は起こりにくい。

　自由＞友愛＞平等とすると、組織メンバーの自由が最上位になるため、組織はカオスになりやすい。組織メンバーには、カオスにとどまり、「自由の相互承認」がなされるように粘り強く対話することが求められる。「自由の相互承認」という矛盾との格闘を通して、組織メンバーの自己の拡張が起こり、集合的無意識による「我と汝」の関係が育まれてくると、組織が一つの生命体、または、生態系のようになってくる。このような組織を生命的組織と呼ぶことにする。

　生命的組織と個人という二重生命状態の感覚が生まれる

と、能力差が序列ではなく、組織のもつ多様な可能性として捉えられるようになる。「我と汝」の意識によって、他人のもつ高い能力が、自分に劣等感を感じさせるものではなく、「私たちという生命体がもつ能力」として捉えられ、祝福できるようになるからだ。

序列の感覚が消えるにつれて、「ありのままの存在」を自己受容して、「高い能力」を遠慮なく組織に贈与できるようになる。組織には「元型」のはたらきによってドラマが自然発生する。組織に発生するドラマは、組織メンバーにさまざまな出番をつくり出すため、メンバーは存在の意味を感じられるようになる。そのドラマは同時に、組織が進む方向を指し示すものになる。また、各メンバーに出番が回ってくることで、異なる次元で平等性が実現する。

このようにして生命的組織が「共創エンジン」によって回るようになる。生命的な組織では適材適所が優先されるため、意志決定を行なう際にも、その決定を下すのに適した人が中心になって行ない、周りの人が助言してサポートする「助言システム」が適している。活動がプロジェクトチーム単位になっている場合は、プロジェクトチームが意思決定を行なう自主運営が基本になり、必要に応じてチーム外にも助言を求める。この方法は、多様な視点と意思決定の速さとを兼ね備えるため、変化の激しい状況の中での意思決定に適している。

ここで論じた「官僚型ヒエラルキー組織」「フラットな組織」「生命的組織」は、フレデリック・ラルーの『ティール組織』で紹介されている「アンバー型」「グリーン型」「ティール型」

に対応する。以下に、その対応をまとめる。

表5.7.1 組織のタイプと交換様式

組織のタイプ	交換様式	集団活動	個人の在り方
ヒエラルキー組織 （アンバー）	労働力と貨幣	指令と従属	適合した自我
フラット組織 （グリーン）	奉仕と尊重	協働	自立した自我
生命的組織 （ティール）	ありのままの存在の 贈与と意味	共創	自我と自己の 統合

　情報化社会の到来は、組織の在り方を大きく変えるだろう。フラットな組織でも、生命的組織でも、組織と個人との間に「支配―服従」の関係が発生しないようにするためには、個人が「共同体の掟」に束縛されないことが重要になる。そのためには、前節で論じたように「多層的な所属」が重要になる。

　コロナ状況によって、リモートワークが日常になったことで、組織が複業を許可すれば、「多層的な所属」は可能になる。リモートワークが不可能な仕事もあるが、発想を変えて「組織＆コミュニティ・ポートフォリオ」を、リアルとリモートワークの組み合わせで構成すればよいのだ。例えば、週2日は運送業の運転手をし、残りの5日は、2つの組織でリモートワークするといった働き方によって、多くの職種で「多層的な所属」が可能になる。

　「多層的な所属」によって関係性のネットワークが広がると、適材適所の精度が増し、生態系の整合性が高まってくる。また、仕事量の変動をネットワーク全体で吸収しやすくなったり、組織間をつなぐ人が媒介となって、協働の可能性が広がっ

たりする。この状況が進むと、組織という枠組みは、次第に意味をなさなくなり、法人の機能は、人間関係ネットワークのハブに設けられたサービス受付窓口となっていく。

5.8. 参加型政治

　政治を参加型にすることが何を意味するかは、さまざまな捉え方があると思うが、本書では、中央集権国家における民衆支配のためのシステムとしての政治から、一人ひとりの深い動機から生まれる活動によって回る「共創エンジン」を支えるためのインフラへのシフトという観点から考える。

　まず、どのようにすれば個人の意志が政治に反映しやすくなるかという点について考える。

　政党政治には、組織と個人の「支配─服従」の問題が発生している。政党は、支援団体の献金によって活動が支えられ、支援団体の利益を代表している。そのため、選挙は支援団体の組織票によって大勢が決まることが多い。共同体の束縛が強い地方政治では、特にその傾向が強い。選挙によって選ばれた議員は、議会の採決にあたり、個人の意志で投票するのではなく、党議拘束によって政党の決定に従うことがほとんどだ。その場合、議会で行なわれる他党との議論を通した学びが法案の修正に盛り込まれず、一定のやり取りの後、党員数を反映した多数決によって決まることになる。

　このように、現在の政党政治では、政策に個人の意志が反映されにくく、個人に対して支配力をもつ組織の意向が反映されやすい。また、政党間の違いが、建設的な議論による学

び合いに活用されずに分断に向かいがちである。

　政治の本来の役割は、多様な視点から検討された法案や条例をつくったり、利害関係を調整して予算を分配したりすることだが、個人が組織に服従する現在の社会は、特定の団体に有利な法案や条例をつくり、その団体へ利益を誘導することが起こりやすい構造になっている。また、この仕組みを市民が認識して、投票によって変化を起こせないと感じるようになると、政治への関心を失い、より一層、組織票によって政治が決定するようになる。

　この構造を解体するにはどうしたらよいだろうか？

　私は、次の2つが有効だと考えている。1つは、「多層的な所属」によって、個人が特定の組織に依存せずに自立することである。複雑に絡み合った関係性のネットワークは、あちらとこちらに分けることを困難にし、組織が個人をトップダウンで束縛できなくなる。その結果、市民が所属組織から自立し、議員が所属政党から自立することができれば、個人の意志を表現しやすくなる。

　もう1つは「貨幣の力」を弱めることである。お金による対価がなくても、意志によって活動が生まれるというのが常識になっていくと、外発的動機付けとしての「貨幣の力」の効力が弱まっていく。例えば、選挙は次のように変わるかもしれない。「外発エンジン」が主の現状では、政党が候補者に選挙資金を助成し、候補者は対価を払って必要なものを集め、人間を動員するため、選挙で勝つには「貨幣の力」が重要になる。しかし、「多層的な所属」によって関係性が複雑化すると、組織票の占める割合が小さくなり、結果が読めなくなる。

　一人ひとりがどのように行動するかが選挙結果に直接関係するという認識が生まれると、関係性ネットワークを通したさまざまな自発的な協力が起こりやすくなり、「共創エンジン」が発動する。市民の自発的な応援によって当選した候補者は、政党からの助成金で支配されないため、当選しても政党の意向に従う必要がない。このような選挙を行なう政党は、組織というよりも共感で緩く連帯する自律分散型のネットワークであり、各議員が、目的に応じて協力し合うかどうかを自主的に決定できるものになるだろう。

　議員が政党に支配されないためには、議員も専任ではなく、「多層的な所属」の1つとして議員をやるのが好ましいだろう。八百屋であり、株式会社のホワイトワーカーであり、議員であるというように、「多層的な所属」をしている議員が議会に集まれば、現在とは比べものにならないほどの多様な視点が持ち込まれるだろう。

　「多層的な所属」を前提とすれば、議員の報酬は、現在よりもかなり少なくてよい。また、任期に制限を設け、より多くの人が議員職を経験するようになると、政党と支援団体の癒着が起こりにくくなる。

　スイスでは、政治家が他の職業を兼任するのは珍しくない。スイスの緑の党のバスチアン・ジロ議員は、「フルタイムの政治家は、他の政治家の意見に左右されがちだが、私は誰にも影響されずに自分の意見をもつことができる」と言う。これは、「多層的な所属」が議員としての自立に有益であることを示している。国民投票が頻繁に行われ、直接民主制が実現しているスイスでは、国民の代理人である国会議員や政党

の権力が小さいため、利権も発生しにくいそうだ。

　次に、個人の意志が政治に反映した結果、衆愚政治になるのではなく集合知へ向かうためには何が必要かを考えてみよう。

　重要なのは、一人ひとりが政治について学ぶことだろう。まずは、政治に関心がある市民が、オンラインの民間シンクタンクに「多層的な所属」の一つとして関わるのはどうだろうか。当事者を含む多様な人たちがオンライン対話を行なって、集合知によって案を練り上げるのだ。デジタルファシリテーションを発展させて、対話手法にイノベーションを起こせば、議会の法案や条例案をはるかに超えた案をつくり続けられるはずだ。その案を実現するためには、議員と連携する方法や、政党を立ち上げて議会へ乗り込む方法もある。立ち上げた政党が議会で多数派をとれば、実質的にオンラインの民間シンクタンクが議会の代わりとして機能する。

　イタリアで起こった「五つ星運動」は、まさにこれが実現した例だ。プラットフォーム「ルソー」に登録した16万人を超える国民がオンラインで活発に議論を行ない、そこで生まれたアイディアを実現するために次々と立候補し、ついには政権を取ったのだ。このようなオンライン民間シンクタンクは、政治に対する教育の場としても機能するだろう。

　社会運動に関わってみて感じたのは、制度や法律に対する知識がないと、適切に考えられないということだ。オンラインの民間シンクタンクが、身近なテーマをきっかけに、疑問を手がかりにして政治についてオンラインで学ぶ民主主義の学校になり、いざとなれば立候補できる人が大量に育てば、さまざまな社会運動も自然発生するだろう。さらには、コロ

ナ状況下で、予算を有効活用して課題を解決するアイディア
も、市民の集合知で見出せるようになるのではないだろうか。

　オンラインの民間シンクタンクを、国や地方の行政の「助
言システム」として活用するのもよいだろう。有識者会議を
オンラインの民間シンクタンクに置き換えることで、話し合
いが透明化し、多くの人が自分ごととして考えられるように
なる。意志決定とともに、そこに至るプロセスが開示されて
いるので、決定内容を理解する労力も軽減する。

　台湾のvTaiwanは、国民が意見を投稿できるプラットフォー
ムである。一定の条件を満たせば、サンドボックスという仕
組みを使って、範囲と期間を限定した新しい法案を社会実験
できる。法案を経験学習によってアップデートすることがで
きるのだ。vTaiwanは、市民の集合知を民間シンクタンクと
して活用する試みの一つと言える。

　オンラインの民間シンクタンクが発展した将来には、デジ
タル技術を活用して議論を見える化し、深めていく話し合い
の進化と直接民主主義とがあるだろう。ビッグデータとAI
を組み合わせて予算分配を最適化するアルゴリズムなども生
まれるかもしれない。

　現在の政治システムは、インターネットも、Zoomも、VR
も存在しなかった時代に考えられたものである。情報化社会
という社会の前提が大きく変わったのだから、根本から社会
デザインを考え直す必要があるだろう。オンラインの民間シ
ンクタンクは、そのための社会実験の第一歩となるのではな
いだろうか。

参加型社会学会が目指すもの
参加型社会が出現するための研究

6

　参加型社会の主役は当事者だ。当事者が発信し、受信し、出会い、生々しいコミュニケーションをして、ともに活動を始める。そこから、新しい何かが生まれ続けるはずだ。その実践をお互いに報告し合い、学び合うための場が、参加型社会学会だ。具体的な実践と、普遍的な理論とを行き来するダイナミックな運動を起こして、参加型社会が出現する原動力の一つになることを目指したい。

6.1. 監視社会でも暗黒社会でもない第3の道の探究

　参加型社会では、一人ひとりが意志をもって、当事者として発信し、受信し、考え、行動する。そして、学んだことや気づいたことを報告し合い、協力して行動し、人類の多様な可能性を追求していくのだと思う。

　インターネットの発展によって、当事者同士がネット上で出会い、生々しいコミュニケーションをとれるようになった。さらに「共創エンジン」を回し、ともに活動できるようになった。これは、情報化によって参加型社会が出現する条件が整ってきたことを意味する。

　あとは、「外発エンジン」によって他者の思惑に支配されることに慣れてしまった人たちが、身につけてきたことをアンラーニングして「共創エンジン」に切り替えられるかどうかがカギを握る。多くの人が「外発エンジン」の呪縛から逃

れられない場合、2つのシナリオが考えられる。それが、監視社会シナリオと暗黒社会シナリオだ。

機械論的世界観では、ロゴス的知性（思考）に偏っていたが、生命論的世界観では、ロゴス的知性（思考）とレンマ的知性（身体知）とが相補的に働くことを重視する。機械論的世界観のままで「外発エンジン」が回り続け、その延長線上で情報化技術が活用されていくと、人々は、システムに自由意志を明け渡し、決められた通りに行動するようになるだろう。そうなると、監視社会化が進み、全体主義へと向かっていく。この可能性を監視社会シナリオと呼ぶ。

機械論的世界観のアンチテーゼとして、レンマ的知性（身体知）の方へ振り子が大きく振れる場合も考えられる。その場合は、比較するのが難しい種々雑多な世界の捉え方が乱立する状況になるだろう。

ロゴス的知性（思考）による冷静な事実認定の機能が弱まると、自分の見方と整合する情報を集めてつなぎ合わせた物語が増幅しやすくなる。インターネットで検索すれば、自分の仮説を支持するような情報が見つかってくる。他の見方をする人との違いから学び合うのではなく、カリスマを崇拝して、同じ見方の人同士で寄り集まって集団をつくり、「正しさ」を増幅するとカルト化へつながっていく。

このように、それぞれが自分の正しさを増幅して分断していく可能性を暗黒社会シナリオと呼ぶ。

図6.1.1 3つの未来シナリオ

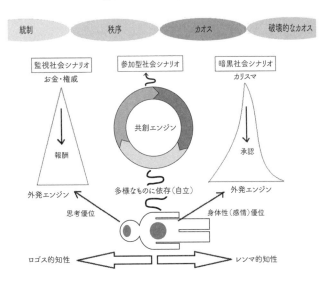

　均質な「正しさ」で社会全体を統制する監視社会シナリオでもなく、それぞれの「正しさ」に閉じこもって破壊的なカオスに陥る暗黒社会シナリオでもなく、カオスと秩序の間をよろめき歩いていくために、本質的に重要なことは何であろうか?

　私は、「違い」を分断の原因にするのか、学び合いのエネルギーにするのかが、3つのシナリオの分岐点になると考えている。

　「外発エンジン」は、外部に「正解」を設定するため、「違い」は、「間違い」または「序列」として認識されやすい。
監視社会シナリオでは、「外発エンジン」で他者を動かすた

めの報酬としてのお金が必要となるため、お金が一元的な価値の基準になる。お金がお金を生む金融経済により貧富の差は拡大し、所得格差という違いによって序列化される。現在のように所得格差が大きくなった状況では、大多数の人は所得が低くなり、自己肯定感を下げてしまう。

「外発エンジン」が社会の主エンジンである限り、本来は、一人ひとりの個性として祝福されるはずの「違い」は、分断の原因であり続け、「外発エンジン」の燃料であるお金に人生が支配される。

暗黒社会シナリオでは、集団内のカリスマが「正しさ」を担い、カリスマへの承認欲求が「外発エンジン」の燃料になる。集団内で批判的な思考が停止してカリスマへの一体化が起こり、カリスマのエゴが暴走すると、独善的になって集団外の価値観を否定するようになる。

一方で「共創エンジン」の燃料は「違い」である。あらゆる「違い」を契機に対話的なコミュニケーションを起こし、学び合って新しいものを生み出していく。「違い」があるから、自分の知らないことに出会うことができ、そこから学ぶことで発見があり、ともに創造することができる。自分ならではの創造の物語が、自分の人生に意味を与え、活力を与え、幸福を生み出してくれるのだ。「ありのままの自分」を表現し、それが、祝福される体験は、癒しそのものである。

傷だらけの現代社会には、癒しの機会が満ちあふれている。つまり、「共創エンジン」の燃料が、いたるところにあふれている。「外発エンジン」の燃料として使われていたお金は、「共創エンジン」では、コミュニケーションの一つになる。

お金は貯めることが目的ではなくなり、「共創エンジン」がよりよく回るための手段となる。

　参加型社会シナリオでは、多様なつながり（縁）に依存することによって一人ひとりが自立し、そのつながりから活動を起こす。ロゴス的知性によって因果的に考えると同時に、レンマ的知性によって縁起の論理を直感し、共創エンジンを回して秩序とカオスの間をよろめき歩きながら進んでいくのだ。

6.2.　非暴力アナキズム

　檻と餌によって画一的な価値観を押しつけ、「ありのままの自分」を抑圧して魂に蓋をし、魂を植民地化していく社会システムは、暴力性を含む。画一的な価値観によって「ありのままの自分」が否定され、画一的な価値観を超自我として内面化すると、人間の心は傷つき、痛みを避けるような信念体系や行動パターンが構築される。

　フォアグラ型教育の例では、フォアグラ生産者がガチョウに向かって語りかける「我慢して食べ続けるガチョウが偉いぞ」という価値観が、「満腹で食べたくない」という、ガチョウのありのままを否定する。自分の身体からのメッセージを切り離し、「我慢する私は偉いのだ」と認識するとき、ガチョウは、フォアグラ生産者を超自我として内面化する。そして、我慢できない自分には罪悪感を抱き、誰からも強制されなくても大量の餌を食べ続け、我慢できない他のガチョウを「ダメなやつだ」と見下すようになる。私は、人間をフォアグラ

ガチョウにする暴力装置を解除して、非暴力化したい。その
ためには、どんな方法があるだろうか?

3.2で述べたように、この暴力装置は檻と餌から成り立っ
ている。檻を成立させているのは、以下の2つである。

　1)情報を制限して画一的な見方に固定する。

　2)さまざまなやり方で行動の選択肢を制限する。

この2つをどのようにして解除していけばよいのか、順に
見ていこう。

まず、私たちが目に触れる情報にどのように制限がかかっ
ているのかを知る必要がある。

学校教育では、学ぶ内容は教科書中心になる。日本の場合
は、教科書検定制度が採用され、学校教育法で「教科書を使
用すること」が義務付けられている。アジア諸国や中近東諸
国では、教科書検定制度を採用している国が多いが、欧米で
は自由発行、自由採択制を基本とする国が多い。受験の試験
範囲が「教科書に書いてあること」になっているため、生徒
たちは、必死に教科書の内容を学び、それ以外のことは「無
駄なこと」と感じやすくなる。ここに、画一的な見方に固定
する力が働きやすい要因がある。教育システムを非暴力化す
るために、学校という制約の中で教師ができることは、生徒
の視野を外に向けて広げ、教育システムをメタ認知すること
を助けることである。

メディアのプロパガンダも、私たちに届く情報を制限して
見方を画一化する働きを担う。マスメディアは巨大事業とな
るため、企業を所有する株主や市場の影響を受けやすい。視
聴者から収益を受けとるのではなく、広告収入によって収益

を得る場合には、放送内容が広告主の利益に影響されやすい。東京電力が巨額の広告費をかけて、原発の安全神話をつくり上げていたのが一例である。また、テレビやラジオの放送局は政府の認可を必要とするため、政権批判がしにくい状況にある。

　このように、マスメディアが政府や大企業にとって都合がよい情報を流す傾向がある一方で、SNSやYouTubeなどのプラットフォームでは、マスメディアに乗らない当事者の発信に触れることができる。しかし、プラットフォームも企業が運営しているため、広告停止やアカウント停止、アルゴリズムにより表示されにくくなる、などの手段によって当事者の発信を検閲し、方向づけることが可能である。

　2020年のアメリカ大統領選挙では、主要大手メディアは民主党バイデン候補寄りの報道をする一方で、YouTubeには共和党トランプ大統領支持の発信が投稿され、どちらのメディアから情報を得るかで、全く異なる世界を認識するという事態が発生した。これは、原発事故の後、放射線の危険性をめぐって世界の捉え方が分離したのと同じ現象である。

　情報化社会を生きる私たちは、当事者と直接つながって、当事者の実感や体感を直接聞くことができる手段を手にしている。自分の言葉で語っている多様な人の声に直接耳を傾け、お互いから学び合っていくことで、自分なりの考えを育てていくことが大事なのだ。

　私たちの行動の選択肢を制限しているものの中で、最も影響が大きいのは、「お金がないとできない」という思い込みだろう。資本主義社会では、あらゆるものが商品であり、お

金と交換される。私たち自身も、また、商品であると思い込まされている。この思い込みの中では、何をするにもお金が必要になる。お金を稼げる人が、商品化された行動をする自由を得る。だからこそ、お金が、「外発エンジン」における報酬になり得るのだ。

　檻から出る2つ目の可能性は、「お金がなくても行動ができる」ことに気づくことであり、「お金では決して得られない豊かな体験」を積み重ねていくことだろう。そのために大事なのは、「ありのままの自分」を表現し、その表現を受け止めてくれるかけがえのない人たちと一緒に、何かをやることである。その場で回る「共創エンジン」は、かけがえのない関係から生じるものであり、一般化、数値化できない価値を生み出す。

　「あなたは、私だ」「あなたが、この世界に存在してくれて本当によかった」と感じるような出会いは、「お金がないとできない」という思い込みを根底から吹き飛ばす。深いところでつながっていると感じる相手に向かって与えることは、自分自身に与えることと同じであり、与える喜びと受けとる喜びの両方が発生し、喜びが増幅する。

　その循環によって強力な求心力が発生し、渦が回る。そのような体験を通してつながっていると感じる範囲が広がっていき、世界で起こっているさまざまなことが自分ごとになっていく。切り離されていた自己とのつながりが取り戻されて、自分を世界の一部だと感じられるようになってくる。自我と自己との二重生命状態を行き来しながら、進むべき方向が立ち現われてくるようになる。

2011年以降、マレーシアからインターネットで発信を始めた私は、このような奇跡的な出会いをインターネット上で数多くしてきた。それによって、私の魂は脱植民地化され、私は、前よりも、ありのままの自分を生きられるようになってきた。

　コロナによって立ち止った人たちが、インターネット上で自己表現をし、オンラインでの対話を始めた。私が体験してきたような奇跡のような出会いの火花を、あちこちで見かけるようになった。ネットワーク上で火花が発生するたびに、「お金がないとできない」という思い込みが外れていくはずだ。そのプロセスは、現在、急激に進んでいるだろう。

　次に「餌」についての考察に移ろう。現在の社会において「餌」の役割をするのは、お金と権力であろう。お金についてはすでに考察したので、ここでは権力について考えてみる。

　「檻」によって思考と行動を制限されてしまうと、ヒエラルキー構造の中で、上から下へ命令が下りてくるという思い込みに捉われてしまう。この思い込みの世界の中では、「自由」とは、ヒエラルキーの上で「命令する側」になることであり、不自由とは、「命令される側」になることだろう。

　ヒエラルキー構造を維持するために、上に行くほど、情報へのアクセス権、意思決定権、人事決定権などが大きくなるという仕組みがある。情報にアクセスできない人は、そもそも考えることができないので、意思決定の質を評価することもできない。上司が部下の評価を行なう場合、その評価が人事や報酬に影響する場合、部下は上司に従うように方向づけ

られる。ヒエラルキー構造を解体するためには、以下の3つについて検討する必要があると思う。

　1) 情報へのアクセス権

　2) 意思決定権

　3) 人事権

　まずは、情報へのアクセス権について考えてみよう。組織内で情報を透明化すると、メンバー全員が意思決定に必要な情報を得ることができ、さまざまな案件について考えることが可能になる。しかし、それは、自由闊達かつ建設的に議論する組織文化があることがセットでなければ機能しない。すでに述べた通り、「外発エンジン」によって正解主義を押し付けられると、内面化した超自我のはたらきにより、「違い」は、「否定」または「序列」として受け止められやすくなる。そのため、相互に否定し合って炎上して関係性が分断しやすくなる。議論するのに疲弊して、ついには「誰かが決めてくれれば従います」という声も出てきたりする。

　内面化した超自我を吐き出して自分の地平を生きるようになる非暴力化と、違いを学びの源にする対話的な組織文化を育てることを並行して進めながら、情報の透明化を進めていくことが重要である。状況を見守り、バランスをとりながら、らせんを描くように段階的に進めていく必要がある。

　情報を透明化すると、多くの人が意思決定に関われるようになる。多様な視点が出てくるメリットがある一方で、意思決定に時間がかかるデメリットも生じる。

　ティール組織では、意思決定の速さと多様な視点からの検

討を両立させる方法として「助言システム」を提唱している。これは、必要な助言を周りに求めたうえで、その人が自分で意思決定するという方法だ。また、意思決定を長期的、固定的なものとせず、経験学習サイクルの次の試行のように捉えると、「いったん決めておいて、やってみて必要なら変えればよい」というように軽く考えやすくなる。

　プロジェクトリーダーなど、意思決定の主体者がたたき台をつくって広く公開し、多面的なフィードバックを助言として取り入れて、自分で決めるという形にすると、質の高い意思決定をスピーディに実現しやすい。

　ただ、多面的なフィードバックの中には、意思決定者の意見と違うものも当然含まれる。そこから「否定」や「マウンティング」などといった意識が立ち上がると、助言システムは機能しなくなる。この仕組みが機能するためのベースにも、非暴力化と対話文化が必要となる。

　人事権を集中させると、メンバーのさまざまな情報をその場所に集約させ、人事権をもっている人が、適材適所に人を配置するように意思決定をすることになる。ここにも、集約された情報へのアクセス権と、メンバーの配置を決定する意思決定の2つが関連してくる。

　しかし、会話が多い組織であれば、メンバーのさまざまな情報は、会話の中で日々、更新される。そこには、文字や数値でデータ化された情報でなく、人柄や、お互いの相性、相互評価といった情報が含まれる。プロジェクトチームを組む時のメンバー構成を考えるときに、データ化された情報より

も、日常に流れている情報をもとに決めた方がうまくいくことも多い。個人と個人がバンドを組むように誘い合ってプロジェクトチームを組むような形になれば、人事権は分散し、メンバー構成も意思決定もお互いに誘い合うという形になる。自然な形で人間関係が育っていくし、プロジェクトチーム内で共創エンジンが回りやすくなる。

　しかし、誘い合って、相手としっかりと出会い、共創的なプロジェクトチームを組むためには、自分が何者であるのかという自己認知と、何をしたいのかという意志をはっきりともつ必要が出てくる。誰かに言われた通りに、部品としてはめ込まれることを待っている人は、「外発エンジン」の下では働くことができても、「共創エンジン」を回す一員にはなれない。ここでも、非暴力化が前提として必要になる。

　プロジェクトチームの集合離散がスムーズに行なわれ、さまざまな組み合わせでチームが組まれるようになると、個人と組織のさまざまな可能性が引き出されてくる。組織で必要とされる仕事も、個人がやりたい役割も、日々変化していく。それを俯瞰して認識するような唯一の視点は存在しない。だから、お互いがコミュニケーションをとりながら、レンマ的知性を発揮して、その時々で考えて調整しながら進めていき、生命的な働きによって全体をうまく動かしていくという方法は、変化が激しい時代になるほど有効なのだと思う。

　このように、中央集権的に集団を管理する仕組みを解体して、個人の自由を最大化していくアナキズムは、非暴力化と

二人三脚で進めていく必要がある。暴力的な社会システムを解体していく動きと、非暴力化した人たちが立ち上がってくる動きとが組み合わさって、ありのままの自分を生きる人たちが増えた結果として、アナキズム的な参加型社会が自己組織化するのではないだろうか。私は、そのような社会の出現を心に思い描き、非暴力アナキストとしての活動を進めていきたいと思う。

6.3. 伝搬と出現

　私が大学院で研究していたのは、細胞性粘菌アメーバの集合プロセスだった。1998年当時は、cAMPを周期的に発信するペースメーカーの粘菌アメーバからシグナルが伝搬していき、ペースメーカーの周りに、他の粘菌アメーバが集まってくるという説が主流だった。私は、ペースメーカーとそれ以外という2種類の細胞の存在が前提となっていることに違和感を覚え、そのような仮定を置かずに集合プロセスを説明できるメカニズムを考えた。

　私が立てた仮説は、粘菌アメーバの密度が高まることで、アメーバ集団がcAMPを発信するようになるというものだった。バラバラに活動している粘菌アメーバの密度が高まってアメーバ集団が同期すると、粘菌アメーバの集合体を含む場にcAMPの濃度変動のリズムが生まれ、粘菌アメーバの活動リズムと場のcAMPの濃度変動のリズムが結合した全体システムが出現するのだ。「伝搬ではなく出現」だという私の仮説は、当時は新しいものだった。

図6.3.1 粘菌の伝搬モデルと出現モデル

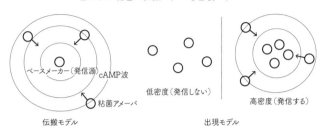

結局、論文発表することなく大学院を中退したが、その8年後に、私の仮説は、別の研究者によって実証された。私が出会った出現のメカニズムを一般化すると、次のようになる。

　個が共振して同時多発的な動きが生まれると、部分である個の時間スケールと全体システムの時間スケールとが非分離になり、個の境界が溶け、全体システムが新たな機能を獲得する。

このメカニズムに気づいたことは、その後の私の活動の大きな指針になった。本節では、この出現のメカニズムを手がかりに、参加型社会の出現について考える。

まず初めに、個の境界を定めている枠組み（フレーム）について考える。私たちは、言葉という記号によって世界を分節し、ロゴス的知性によって合理的に記号処理をして生きている。合理的な判断を可能にするのが、ある範囲で世界を切り取ってフレーミングし、論理の前提をつくるという操作である。フレーミングすることによって、フレーム外部の存在

は無視され、フレーム内部の記号だけを扱えばよいことになる。この操作によって個の境界が決まる。

　フレーム内部では、過去から未来へ連続的に流れる時間に沿って記号が処理されていく。記号処理を最適化することに夢中になると、フレーム外部の存在をいつの間にか忘れてしまう。しかし、フレーム外部を無視して、フレーム内部で自己完結したからといって、フレーム外部との関係性が切れるわけではない。無視しているフレーム外部の影響が、フレーム内部へと侵入してきて、フレーム内部の自己完結性を脅かしてくる。個の境界を定める前提条件となっていたフレームがゆらぎ始めるのだ。それが起こる条件とは何だろうか？

図6.3.2　フレームの内部と外部

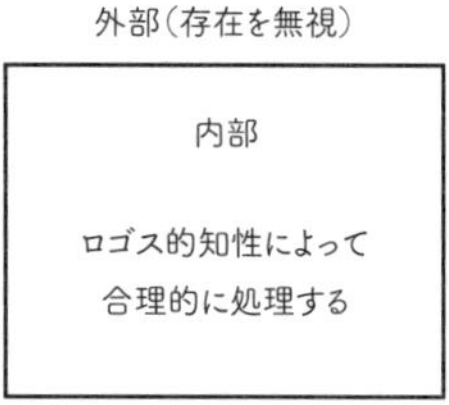

外部（存在を無視）

内部

ロゴス的知性によって
合理的に処理する

　その条件を考える上で、時間スケールという視点が重要だというのが私の主張だ。私たちは、自分の活動と無関係と思われるものや、不変なものを環境として捉え、関連し合って変化するものをシステムの構成要素だと捉える。

　辺りを見回したときに、目に入るものをあなたの人生と関係しているものと無関係なものとに区別することができる。遠くを飛んでいる飛行機や、庭で羽ばたいている蝶は、あな

たの人生に無関係だと感じるかもしれない。ポケットに入っているスマートフォンは、あなたの生活に深く関係しているかもしれない。無関係のものは無視し、関係のあるものを考慮してシステムが構成される。

　不変なものは一定の環境と見なされる。しかし、実際には、真に不変なものなど存在しない。大陸は1年間に数センチメートルの速さで移動している。しかし、その移動は、100年程度の寿命をもつ私たちの生き方に影響をしないので、大陸は不動だと見なしている。私たちの人生の時間に対して、意味のある変化速度をもっているものをシステムの構成要素として取り込み、変化の遅いものは一定の環境と見なしているのだ。

図6.3.3　時間スケールとシステムの構成要素の関係

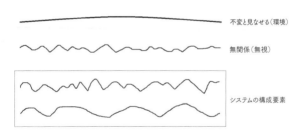

フレーム外部の存在が問題になってくるのは、かつては無関係だと見なしていたものが関係性をもつようになったり、不変だと見なしていたものが、不変だとは見なせないほど速く変化するようになってきたときだ。そうなると、環境として切り離していたものが切り離せなくなり、システムの構成

要素として考慮せざるを得なくなる。

　それは、自己完結していたシステムを外部に開き、最適化されていた記号体系を壊していくことであるから、大きな抵抗を伴う。自己完結の安住を守りたい欲求との葛藤が起こる。しかし、そんな内的な事情とは関係なく、フレーム外部の影響がシステム内部に侵入してくる。

　不変だと見なされていたものが速く変化するようになる原因は何であろうか？

　質的な変化の速さは、サイズと関係している。例えば、海にインクを垂らしても海が黒く染まることはないが、コップの水にインクを垂らせば水が黒く染まる。部分の動きが全体に影響するかどうかは、部分と全体のサイズの比によるのだ。これは、個人と集団との関係にも当てはまる。

　10名ほどの小さな集団では、一人ひとりが起こす行動が全体に影響する。しかし、小さな集団の活動が、国家に与える影響を考えるとき、「この集団が何をしようが、国家は変わらない」と認識しやすい。このとき、国家はフレームの外側に置かれ、小さな集団のメンバーがフレームの内側に置かれる。部分と全体のサイズの比が大きいときには、部分が全体に与える影響は小さいと見なされ、全体の動きは組織のフレームの外部に置かれる。私たちが何をしようと、国家規模の動きには影響しないというわけだ。しかし、上記を満たさないケースが2つある。

　ケース1（伝搬）：因果的
　発信源からの影響が、周りに伝搬する。

　ケース2（出現）：縁起的
　時代の精神で共振共鳴して、同時多発的な活動が出現する。

　ケース1（伝搬）は、小さな集団の影響が全体へと伝搬する場合である。小さな集団が、情報を全体へ伝搬させる仕組みをもっていれば、小さな集団と全体とは関係性をもつことになる。その代表例がテレビ局などのマスメディアだ。一方的に繰り返し情報を発信することで、影響が広がっていく。テレビ局は、国家全体に比べれば小さな組織だが、「情報発信メディア」を活用できるため、特別な影響力をもつことになる。その組織が利益を上げるために広告を募るようになると、発信内容が広告主の影響下に置かれる。その結果、資金力のある企業のみが、国家規模の影響力をもつことができるという状況が生まれる。
　伝搬が効果的に行なわれるのは、フォアグラ型教育で「均質化した大衆」をつくり出し、「刺激と反応のパターン」を利用したときである。機械論的世界観では、情報を一方向的に伝搬させる力を活用して支配—被支配の構造をつくり、大規模なヒエラルキーを構築してきた。発信源という「中心」から同心円状に伝わる「伝搬」は、因果的である。中央集権的な力が強いほど、伝搬力は強くなるのだ。
　ケース2（出現）の特徴は、時代の精神で共振共鳴して、多くの人が同時に同じような問題意識をもつことだ。似たような小さな活動が、それぞれの問題意識から同時多発的に出現し、それらがある程度大きくなった段階で、お互いの存在を知って合流していく。情報の伝搬も起こるが、それは、一

方的ではなく双方向的であり、お互いに影響を与え合いなが
ら、触発し合って共振していく。小さな活動は、伝搬する力
は弱いが、共振して同時多発的に出現することで、社会全体
に影響するようになる。

　同時多発的に出現する源泉は集合的無意識である。そのた
め、出現プロセスは縁起的であると言える。生命論的世界観
では、各自が集合的無意識から湧き上がる内的衝動を感じと
り、同時多発的に動き、参加型で新しい未来が出現するプロ
セスを重要視する。

図6.3.4　同時多発的な出現

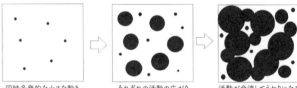

同時多発的な小さな動き　　　それぞれの活動の広がり　　　活動が合流してうねりになる

　世界を伝搬モデルによって因果的に捉えている場合、「伝
搬する力」がないと、世界に影響力を発揮できないと感じる
だろう。そのため、発信源であるピラミッドの頂点の動向に
注意を向け、いち早く反応することで利益を得ようとしたり、
ピラミッドの常識に合わせて影響力を利用したりしようとす
る行動が育ちやすい。

　一方、世界を出現モデルによって縁起的に捉えている場合、
自分と同じような問題意識をもっている人が、世界中に存在
しているはずだと信じて動くことが重要になる。自分自身も

世界の一部であり、世界の変化のプロセスの一部であると自覚するのだ。動きはじめたときには、同時多発的な未来の仲間の動きを知ることはできないが、内的衝動に従って動き続けていけば、共通の問題意識をもった仲間と合流することができ、世界の変化のプロセスの一翼を担うことになる。このプロセスへの信頼こそが、出現モデルで生きている人の活力である。

　東日本大震災と原発事故の直後、内的衝動によって動きはじめた私は、同じような感覚の仲間を見つけることができずに孤独を感じた。しかし、数年後には、共通の問題意識をもった仲間と合流することができた。コロナ状況の下で動きはじめた未来の仲間は世界中にいるはずだ。その仲間とは、数年後に合流することになるはずだ。

図6.3.5　大不思議の源泉から事不思議へ出現する

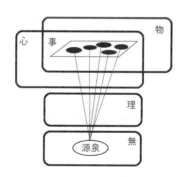

　東日本大震災と原発事故、コロナ・パンデミックのような災害が起こると、フレーム内の記号処理に追われていた日常

に亀裂が入る。フレームを成り立たせていた前提条件がゆらぎ、過去から未来へ隙間なく埋め尽くされていた日常のあちこちに隙間が生まれる。東日本大震災と原発事故は、日本の東北地方で起こった出来事だったが、コロナ・パンデミックは全世界的に同時に起こっている出来事である。世界中の人々が立ち止まり、何かを感じとり、内的衝動に従って動きはじめている。

　それは、どこかに中心があって伝搬していくようなものではなく、同時多発的に出現する動きだ。同時代を生きる当事者として、自分の内的衝動によって動き出したあなたは、世界の人口77億人に対して影響力をもたない「無力な1人」ではない。あなたは、同時多発的に出現しつつある「私たち」の一員である。時代の精神で共振共鳴して出現する数十億人の「私たち」は、社会に変化をもたらし、「私たち」と社会の動きが連動して非分離になる。

　サイズの違いによって分離されていた時間スケールが、同時多発的な動きの出現によって非分離になることで、人類の社会システムが新たな何かを獲得する。このような状況下では、個人と社会のプロセスとが一体化し、フレーム内部で自己完結することができなくなる。それが、コロナ・パンデミックによって地球規模で起こるはずだというのが、私の予想である。

　ここまでは、個人と社会との時間スケールについて考察してきたが、人類社会と地球環境との間でも、同様の関係が成り立つ。近代は、人類社会と、それを取り巻く地球環境とを

分離し、人類社会というフレームの内部で自己完結する夢を描き、都市をつくってきた。

東京のような都市で生きていると、椅子、階段、窓、入り口、歩道……のように、人間によって意味づけられ記号化された人工物に取り囲まれ、その記号を処理し続けているうちに、外部にある自然の存在を忘れてしまう。

人類社会の外部に存在する地球環境は、かつて、無限の資源を人類社会へ提供し、無限の廃棄物を処理するものとして、人類社会にとって都合よく位置づけられていた。しかし、人口が爆発的に増加し、使用するエネルギー量が増加し、廃棄物量も増加するにつれて、かつては不変だと見なしていた地球環境の変化が加速し、大気の組成や気候に影響を与えるようになり、海洋汚染も無視できなくなってきた。その結果、人類社会の時間スケールと地球環境変化の時間スケールを分離できなくなってきたのだ。

地質学的には、現在は「完新世」という時代に位置づけられているが、人間の活動によって気候や環境が変化したため、現在を「人新世」と呼ぶことにしようという提案があるそうだ。この話を聞いたとき、シアノバクテリアのことを思い浮かべた。

かつて海中にシアノバクテリアが誕生して、細胞内の葉緑体が光合成を始めたとき、その影響は小さなものだっただろう。しかし、増殖して世界の海へと広がり、同時多発的に光合成をすることによって地球の大気組成は変化し、多くの生物が死に絶えた。一方で、酸素呼吸をする生物が進化し、新たな生態系が生まれた。

人間の中に宿ったロゴス的知性は、言語や道具を生み出し、地球の表層を記号と機械で埋め尽くした。それによって、地球環境が大きく変化し、野生動物が絶滅し、大気の組成が変化し環境汚染が広がり、人類社会そのものの存続も脅かされている。葉緑体の良し悪しを議論することに意味がないのと同様に、ロゴス的知性の良し悪しを議論しても意味がないだろう。ロゴス的知性もまた、この世界に出現してきたものだからだ。酸素呼吸をする生物が進化したのと同様に、この現状を前提条件とし、それを超えていく何かが出現するはずだ。

　ロゴス的知性は、フレームの中心に陣取ってフレーム内部を体系化し、最適化しようとする。一方で、レンマ的知性は、フレームの縁に立ち、内部と外部の矛盾によって生じる裂け目から深淵をのぞき込む。時代状況の中で裂け目も広がったり狭まったりする。コロナ・パンデミックは、現代社会の前提を突き崩し、大きな裂け目をつくり出した。そこからカオスが広がっている。それは、ロゴス的知性からすれば、抑え込まなければならない不確実性であるが、レンマ的知性からすれば、未来が出現する源泉である。
　カオスを恐れてフレームを閉じても、フレームを成り立たせている前提が変化し続けるので、いつかは直面せざるを得ない。それならいっそ、カオスに留まって、レンマ的知性を働かせ、世界の源泉から何が出現しようとしているのかに耳を傾けるという選択肢もあるだろう。そして、それが、自分を通してどのように出現しようとしているのかに耳を傾け、当事者として活動しはじめれば、その活動は、あなたに、生

きる意味を与えてくれるだろう。

　それは、夢を読み解く行為に似ている。私たちは、寝ているときだけでなく、起きているときも夢を見ているし、世界という夢の中の登場人物でもある。

　南方熊楠は、熊野の山奥に籠り、異界と接する環境の中で夢を見続け、日記に書き続けた。熊野の霊性とつながっていると感じていた熊楠にとって、生きていることと死んでいること、起きていることと眠っていることとは、相即相入であり、それを象徴する生物が粘菌だった。熊楠は、粘菌を顕微鏡で観察しながら、レンマ的知性によって世界の深淵をのぞき込んでいたのだ。

　そんな熊楠にとって神仏習合によって神社がとりつぶされ、森林が破壊されるということは、森林と集合的無意識でつながっている人間の意識の破壊そのものだった。山があるから海岸沿いの海が豊かであるのと同様に、山があるから、そこに住む人々の集合的無意識が豊かに維持されるというのが、熊楠の実感だったのであろう。

　機械論的世界観では、地球環境は、機械を動かすために資源を収奪するものであり、廃棄物を捨てる場所であり、私の「外部」に存在するものである。しかし、生命論的世界観では、地球環境は、集合的無意識でつながっている存在であり、私たちと連続しているものであり、私たち自身である。世界観が変わることで、意味が大きく転換するのだ。

　先日、YAMI大学「萃点探究」で、お話を創るグループワークを行なった。考えたい問題のテーマを思い浮かべた後、自

分自身がキーワードを2つ出し、ワークのパートナーがそれに喚起されたキーワードを3つ出す。合計5つのキーワードを使って即興でお話を組み立てるというワークである。その日、出てきた5つのキーワードは、次のようなものだった。

　　　中空構造(私から)

　　　統合(私から)

　　　真っ黒こげの焼き芋(相手から)

　　　ペアルック(相手から)

　　　夕日の当たる公園(相手から)

　この5つのキーワードを使って私が即興で創ったお話は、次のようなものだった。

　　　真っ黒こげの焼き芋と普通の焼き芋は、夕日の当たる公園のベンチに座って話をしていた。普通の焼き芋が、夕日で日焼けし、少しずつ黒くなっていくにつれて、2人はペアルックになり、2人の違いも統合されて、真ん中に中空構造ができた。

　これは、いわば、強制的に夢を見るようなワークだ。そして、この話から、私の人生にとって象徴的な教訓を得ることができるかという問いに対して、私の中で思い浮かんだのは、「私は、火中の栗を拾いに行く焼き芋である」だった。

　私は、後先考えずに、真っ先に火中の栗を拾いに行き、真っ黒に焦げることが多い焼き芋のような人間だ。「大丈夫だよ、おいでよ!」と言っても、真っ黒に焦げているから、周りが怖がってついてこないため孤独を感じることもある。しかし、それは、一時的なことであり、時間が経てば、起こるべきことが起こり、同時多発的に行動していた他の「火中の栗を拾

いに行く焼き芋」とも合流し、ゆっくり黒くなった焼き芋とも合流する。このような気づきは、ロゴス的知性によって合理的に考えても得られない。レンマ的知性によって夢を読み解くようにして得られるものである。

ロゴス的知性を活用して生きる人間にとって、フレームをつくることは必要である。しかし、同時に、レンマ的知性によってフレームの縁に生じる裂け目から深淵をのぞき込み、自分自身の中から、新しい可能性が出現することを直感することも必要である。このようなハイブリッドな知性を働かせることが生命論的世界観における知性の在り方であり、そこから出現する社会が、参加型社会なのだと思う。

6.4. 参加型社会学会の設立宣言

参加型社会は、当事者意識をもった参加者によってつくられる社会だと思う。私たちが、当事者意識をもって、生き生きと生命を輝かせると、因果的な未来予想は不可能になり、カオスが発生する。しかし、そんなことを心配する必要はない。私たちは個別性を感じながらも、つながり合っているという二重性をもった生命であり、もう一つの知性であるレンマ的知性をもっているのだ。

それぞれが感じる可能性を実践し、お互いに報告し合い、そこから、私たちの現在に起こっているエッセンスを感じとっていこう。

2021年、参加型社会の出現を加速する装置として、お互

いの実践と気づきを報告し合う「参加型社会学会」を立ち上げたい。

　実践と気づきの報告は、「生きること」の表現だ。表現活動は、受けとってくれる人がいる実感があると引き出されてくる。お互いが報告し合い、受けとり合うことで、私たちの表現活動は、相互に引き出されてくるだろう。

　その中で、かけがえのない出会いの火花が発生するだろう。因果的な予測を超えた縁起による出会いの火花が頻発することで、私たちが世界を捉える目が変わっていく。目的を定めて粛々とやりきるという方法だけではなく、源泉から出現する流れに乗って合流していく方法もあるのだということを、ともに体験していこう。

　機械がお手本だった世界観の中では祝福されなかった「生きること」を、これから出現する「参加型社会」では、中心に据えていこう。因果と縁起との交じり合いの中で生きている私たちのための社会を、再構築していこう。

　「生きること」は、つねに変化し続けて、つねに不完全だ。「完全」という幻の形にはまらないのが生命だからだ。この本を執筆している間、不完全な「生きること」をありのままに受け入れることと、高みを目指して表現することとの間で、ずっと揺れ動いていた。

　この本は、「書籍」という商品ではなく、不完全な私からあなたへの肉声であり、「一緒に参加しませんか？」という呼びかけである。体系化しきれていない理論や、詰めきれていないアイディアを完成に近づけたいという欲望を感じなが

ら、今、伝えたいことを詰め込んで、ありのままの自分を
社会に投げ込んだ。

「ポチャン」という音が聞えただろうか?

　もし、あなたがその音を聞いたなら、「聞こえたよ」と
伝えてほしい。そして、あなたが当事者意識をもって取り
組んでいることを教えてほしい。私の理論やアイディアの
不完全さを「関わりしろ」にして、あなたとつながりたい。
私は、あなたと出会い、その報告を受けとりたい。
　不完全さを責める「超自我」の暴力を解除して、不完全
さでつながろう。お互いから学び合う対話を始めよう。
　私は、その対話に、あなたを信頼して、無防備なまま参
加するつもりだ。
　参加型社会をともに出現させよう。
　あなたの参加を心から待っています。

お奨めの本（参考文献）

[第 1 章]

『第三の波』アルビン・トフラー（日本放送出版協会・1980年）

『方法序説』ルネ・デカルト（岩波文庫・1997年）

『カオス —— 新しい科学をつくる』ジェイムズ・グリック（新潮文庫・1991年）

『ガイドツアー 複雑系の世界』メラニー・ミッチェル（紀伊國屋書店・2011年）

『粘菌 その驚くべき知性』中垣俊之（PHP研究所・2010年）

『量子もつれとは何か』古澤明（講談社・2011年）

『ユング心理学入門』河合隼雄,河合俊雄（岩波現代文庫・2009年）

『パウリ＝ユング往復書簡集 1932-1958』ヴォルフガング・パウリ,カール・グスタフ・ユング（ビイング・ネット・プレス・2018年）

『パラダイム・ブック』C+Fコミュニケーションズ（日本実業出版社・1986年）

『タオ自然学』フリッチョフ・カプラ（工作舎・1979年）

『カール・ロジャーズ入門 ——自分が"自分"になるということ』諸富祥彦（コスモスライブラリー・1997年）

『NVC 人と人との関係にいのちを吹き込む法』マーシャル・B・ローゼンバーグ（日経BP・2018年）

『進化の構造』ケン・ウィルバー（春秋社・1998年）

『全体性と内蔵秩序』デヴィッド・ボーム（青土社・2005年）

『ダイアローグ ——対立から共生へ、議論から対話へ』デヴィッド・ボーム（英治出版・2007年）

『U理論』C・オットー・シャーマー（英治出版・2010年）

『24時間の明晰夢 ——夢見と覚醒の心理学』アーノルド・ミンデル（春秋社・2001年）

『大地の心理学』アーノルド・ミンデル（コスモスライブラリー・2009年）

『ティール組織』フレデリック・ラルー（英治出版・2018年）

[第2章]

『レンマ学』中沢新一（講談社・2019年）

『南方マンダラ』南方熊楠,中沢新一（河出文庫・2015年）

『熊楠の星の時間』中沢新一（講談社・2016年）

『南方熊楠・萃点の思想』鶴見和子（藤原書店・2001年）

『微積で楽しく高校物理がわかる本』田原真人（秀和システム・2006年）

『世界はひとつの教室 「学び×テクノロジー」が起こすイノベーション』サルマン・カーン（ダイヤモンド社・2013年）

『ルポ MOOC革命 ——無料オンライン授業の衝撃』金成隆一（岩波書店・2013年）

『反転授業』ジョナサン・バーグマン,アーロン・サムズ（オデッセイコミュニケーションズ・2014年）

『有機農業:自然農法の技術: 農業生物学者からの提言』明峯哲夫（コモンズ・2015年）

『原発事故と農の復興』小出裕章,明嶺哲夫,中島紀一,菅野正寿（コモンズ・2013年）

『アクティブラーニング入門』小林昭文（産業能率大学出版部・2015年）

『ワールド・カフェをやろう』香取一昭,大川恒（日本経済新聞出版社・2009年）

『CT(授業協力者)と共に創る劇場型授業——新たな協働空間は学生をど

う変えるのか』筒井洋一,山本以和子,大木誠一(東信堂・2015年)

『未来が見えなくなったとき、僕たちは何を語ればいいのだろう』ボブ・スティルガー(英治出版・2015年)

『ザ・メンタルモデル』由佐美加子,天外伺朗(内外出版社・2019年)

『被抑圧者の教育学』パウロ・フレイレ(亜紀書房・2011年)

『魂の脱植民地化とは何か』深尾葉子(青灯社・2012年)

『合理的な神秘主義』安冨歩(青灯社・2013年)

『複雑さを生きる』安冨歩(岩波書店・2006年)

『生きるための経済学』安冨歩(NHK出版・2008年)

『生きる技法』安冨歩(青灯社・2011年)

『生きるための論語』安冨歩(筑摩書房・2012年)

『〈いのち〉の自己組織:共に生きていく原理に向かって』清水博(東京大学出版会・2016)

[第 3 章]

『Zoomオンライン革命!』田原真人(秀和システム・2017年)

『学習者中心の教育:アクティブラーニングを活かす大学授業』メルリン・ワイマー(勁草書房・2017年)

『参加型社会宣言』橘川幸夫(メタ・ブレーン・2020年)

[第 4 章]

『かかわり方のまなび方：ワークショップとファシリテーションの現場から』西村佳哲（ちくま文庫・2014年）

『人と組織の「アイデア実行力」を高める ——OST（オープン・スペース・テクノロジー）実践ガイド』香取一昭,大川恒（英治出版・2018年）

[第 5 章]

『千の顔をもつ英雄』ジョーゼフ・キャンベル（ハヤカワ・ノンフィクション文庫・2015）

『量子力学で生命の謎を解く』ジム・アル＝カリーリ,ジョンジョー・マクファデン（SBクリエイティブ・2015年）

『創造的進化』アンリ・ベルクソン（岩波文庫・1979年）

『コスモスとアンチコスモス』井筒俊彦（岩波文庫・2019年）

『ループ量子重力入門——重力と量子論を統合する究極理論』竹内薫（工学社・2005年）

『エピジェネティクス』仲野徹（岩波書店・2014年）

『エピゲノムと生命』太田邦史（講談社・2013年）

『世界史の構造』柄谷行人（岩波現代文庫・2015年）

『我と汝・対話』マルティン・ブーバー（岩波文庫・1979年）

[第 6 章]

『実践 日々のアナキズム——世界に抗う土着の秩序の作り方』ジェームズ・C.スコット（岩波書店・2017年）

『アナキズム入門』森元斎（筑摩書房・2017年）

Afterword
あとがき

　私は、2011年3月11日に発生した東日本大震災と原発事故をきっかけに、人生2度目の大きな冒険に出ました。冒険とは、故郷から異界へと旅立ち、自己変容を経て故郷に戻ってくるものだと思います。しかし、私の冒険は、少し変わったものでした。

　マレーシアに移住して、すべての活動がオンラインに移行したため、冒険の舞台がオンラインとなったのです。そこで冒険し、新しい人と出会い、信頼関係をつくり、一緒に活動してきました。対立したり、葛藤を抱えたり、喜び合ったり、といったエモーショナルで生々しい関わりのすべてが、オンラインで行われました。そういう意味では、本書は、震災後10年間の「オンライン冒険記」と言えるようなものです。

　熱帯雨林や砂漠への冒険では、さまざまな自然の脅威や野生動物との遭遇、異文化の人たちとの出会いなどを通してアイデンティティ危機に陥り、自己変容を遂げるのだと思います。オンライン冒険では、とにかく多様な人たちと、毎日、出会いまくります。対面では、決して出会えないような世界中の人たちと出会い、対話し、影響を受けます。

　リアルタイムで対話するだけでなく、他の人が対話している動画を倍速で視聴したりするので、人類が、かつて体験したことのないような対話的コミュニケーションの洪水に直面します。いろんな人の考え方や気持ちが、自分の中に入って

きて、言葉にならない「モヤモヤ」が発生します。寝ている間も、それらが頭の中をめぐり、朝、散歩しながら、少しずつ言葉になったり、構造化されて図になったりします。

　「モヤモヤ」を、何とかして解消したいと思い、友達を誘って対話したり、議論したり、読書会をしたりしながら言語化することもあります。自分で考えているというよりも、対話の渦から集合知を受けとってオーバーヒートして「モヤモヤ」が発生し、それを解消するために言葉を紡ぎだしていくような感覚です。

　多様な声を聴くことと、発生したモヤモヤを言語化することの間の往復運動を繰り返していくと、自分の信念体系との齟齬が生じ、アイデンティティの危機に陥ります。そこで、自分の信念を手放すと、自分の枠組みが広がって、深いところから新しい自分が出現し、多様性を内包できる方向に自己変容が起こります。これが、「オンライン冒険」における私の自己変容体験です。

　私は、10年間で3度のアイデンティティ危機に直面し、そのたびに、深いところから新しい自分が出現し、問題意識が、教育、組織、社会へと拡張していきました。本書は、自己変容を伴う「オンライン冒険学習」からの学びと気づきを綴ったものです。本書には、たくさんの登場人物が実名で登場しますが、実際には、とても書ききれないほどの多くの人との対話の積み重ねによって本書ができました。特に「反転授業の研究」や、与贈工房、トオラスの仲間との濃密な関わりは、現在の私の考え方に大きな影響を与えています。皆さんとの

豊かな関わりがなければ、本書は存在していません。心から感謝いたします。

　本書を執筆するにあたり、信頼して見守ってくれた橘川幸夫さん、執筆中の壁打ちに付き合ってくれた平野友康さんには、大変支えられました。また、原稿に目を通し、率直な感想を伝えてくれたたくさんの友人たちにも勇気をいただきました。編集の太田順子さん、丁寧に校正してくださった竹越和貴さん、三隅友子さんのおかげで、本書が読みやすくなりました。心から感謝申し上げます。

　最後に、パートナーのエイミーに感謝を伝えたいと思います。20年以上、山あり谷ありの人生冒険をともにしてきました。直面する出来事に対して、本音で対話をすることができる相手がいることは、本当にありがたいことです。エイミーとの日々の対話による気づきが、本書の土台となっています。ありがとう。

　　　　2021年2月

　　　　　　　　　田原真人

今こそ、新たな地平へ

参加型社会学会
設立宣言

参加型社会の出現を加速する装置として、互いの実践と気づきを報告し合う「参加型社会学会」を立ち上げたい。

—— **設立趣旨** ——

テクノロジーの発展により、大量生産、大量消費の工業化社会で機能していた硬いピラミッド構造が時代遅れになり、意志をもつ多様な個が集合と離散を柔軟に繰り返す自律分散的な「参加型社会」への移行が始まっています。

それに伴い、ピラミッド構造へと最適化された教育システムや行政システム、メディアや経済活動など、各領域において根本的な転換が求められています。

反転授業やアクティブ・ラーニングなどのICTを活用した主体的な学び、デジタルを用いた民主主義のアップデートの動き、世界中から同時アクセスできる参加型メディア、人と人との新たなつながり方から生まれる新ビジネスなど、参加型社会の胎動はすでに始まっています。

一方で、AIやビッグデータを活用した監視社会化の動きも懸念されており、私たちは、まさに分岐点に立っています。2020年のコロナ情況下に始まる新しい社会において、どんな原理やシステムが必要なのかを多角的に議論し、旧来のあらゆるものを換骨奪胎して、参加型のパラダイムに組み替えていく実験的な取り組みをしていきませんか。

本学会は、個別の動きを調査・分析しながら参加型社会の実現を探究する研究者・実務家などによる学術会議です。学会運営も旧来の学会を換骨奪胎して参加型で行ないます。私たちの「学会」は、権威をつけるためのものではなく、知の業界サロンでもありません。それぞれが発見したものを相互に紹介し合う場であり、磨き合う場であり、出会い交流する場です。未来の人間社会の在り方を模索する、すべての人の合流を期待します。

—— 運営方向案 ——

①本学会は、知の権威構造・権力構造の組織論とは異なり、未来を模索する「知の現場」「実践の現場」から立ち上がってくる思いと理論を集合させる「場」としての学会を目指す。

②正会員は、既存メンバーの紹介により招聘され、月額1,000円程度の通信連絡費を負担する。

③会員の条件は、年間、1本以上の論文（2万字以上）を提出することとする。

④会員同士の相互交流、Zoomでの対話会などを推進していく。

⑤正会員の他に、賛助会員（個人・法人）を募集し、正会員の発表する論文の閲覧、セミナー、シンポジウムなどへの優先的な参加を可能とする。

── 設立発起人 ──

田原真人（たはらまさと）
1971年生まれ。早稲田大学理工学研究科で複雑系の科学を学び、粘菌を手がかりに生命の自己組織化の原理を探る。同大学博士課程中退。2012年から「反転授業の研究」を主宰。自律分散型のオンライン組織トオラスを共同創業。第4回ODNJエクセレントアワード組織賞を受賞。現在、iU情報経営イノベーション専門職大学 超客員教授、マレーシア在住。

橘川幸夫（きつかわ ゆきお）
1950年生まれ。1972年、音楽雑誌『ロッキング・オン』を創刊。1974年、有限会社たちばな写植を創業。1978年、全面投稿雑誌『ポンプ』を創刊。参加型メディアを一貫して追求。『企画書』（JICC出版局・1981年）発行以降、著作30冊余。最新刊は『参加型社会宣言』（メタ・ブレーン・2020年）。1996年、株式会社デジタルメディア研究所を設立し、所長就任。多摩大学経営情報学部客員教授、iU情報経営イノベーション専門職大学 超客員教授、YAMI大学 深呼吸学部 学部長を兼務。

平野友康（ひらの ともやす）
1974年生まれ。株式会社テジタルステーシを立ち上げ、VJソフト「モーションダイブ」をはじめ、BiNDなどソフトウェア開発をプロデュース。著書『旅する会社』をはじめ、ニッポン放送「平野友康のオールナイトニッポン」のDJ、坂本龍一氏のネットライブ中継のプロデュースなど多方面で活躍する。グッドデザイン賞金賞、文化庁メディア芸術祭優秀賞など受賞歴多数。現在、iU情報経営イノベーション専門職大学 超客員教授、ハワイ在住。

── お申し込み／お問い合わせ先 ──

「参加型社会学会」の詳細および、お問い合わせやお申し込みは、下のURLもしくはQRコードにてアクセスしてください。

https://sankagata.com/

田原真人

[公式ブログ]カオスの縁を住処にする」 http://masatotahara.com/
[著作]『Zoomオンライン革命!』(秀和システム・2017年)、『これだけ! 高校物理 波・音・光 波動編』(秀和システム・2015年)、『大学入試完全網羅 日本一詳しい物理基礎・物理の解き方』(中経出版・2013年)、『単位が取れる電気回路ノート』(講談社・2012年)、『電磁気学がわかる』(技術評論社・2011年)、『電験3種受験 電磁理論講義』(秀和システム・2010年)、『電験3種最短合格 理論ライブ講義』(TAC出版・2010年)、『物理をこれから学びたい人のための科学史/数学』(理工図書・2010年)、『はじめからわかる理科総合A』(学研プラス・2008年)、『図解入門 微積で楽しく高校物理がわかる本』(秀和システム・2006年)

[未来叢書]
出現する参加型社会

2021年 3月11日 初版発行
2021年12月10日 第2版発行

著者　田原真人

発行　デジタルメディア研究所
　　　〒152-0002　東京都目黒区鷹番1-2-10-110

販売　メタ・ブレーン
　　　〒150-0022　東京都渋谷区恵比寿南3-10-14-214
　　　TEL/03-5704-3919　FAX/03-5704-3457
　　　Mail/info@web-japan.to　HP/www://web-japan.to

装丁　佐伯亮介
協力　三隅友子、竹越和貴、増住一郎デザイン事務所、クラウドファンディング支援者
　　　157人の皆様

©2021 Masato Tahara
Printed in Japan
本書の無断複写（コピー）は著作権法上での例外を除き禁じられています。

メタ・ブレーンの本

未来叢書 シリーズ

「真に」こどもにやさしい
国をめざして

塩崎恭久 著

近年、急増する児童虐待による事件は、単に家族の問題として片付けることはできない。第二次世界大戦後の戦災孤児対策として制定された児童福祉法を、70年の年月を経て、現代に対応すべく改正された法律の内容と、その実現過程における霞ヶ関官僚との攻防を、元厚生労働大臣を務めた著者が白日の下にさらす。

新書判／240頁／900円

「参加型社会宣言」

橘川幸夫 著

『ロッキング・オン』創刊をはじめ、参加型メディアで知られる著者が、本書では、これからの情報化社会でどのような社会的仕組みやサービスが可能なのか、その試案を提示する。読者とともに具体的に未来を創造する作業を始めたり、本書に著した「プランやアイデアを具体化していく仲間が現われることを夢見た」という、著者会心の一作。

新書判／320頁／2200円